全国小学生校园美文精品集萃丛

U0628611

七色阳光
小少年

心中的向日葵

《语文报》编写组 编

时代文艺出版社

图书在版编目（CIP）数据

心中的向日葵/《语文报》编写组编. —长春：时代文艺出版社，2018.8（2023.6重印）
（"七色阳光小少年"全国小学生校园美文精品集萃丛书）

ISBN 978-7-5387-5808-5

Ⅰ.①心… Ⅱ.①语… Ⅲ.①作文－小学－选集 Ⅳ.①H194.4

中国版本图书馆CIP数据核字（2018）第107877号

出品人　陈　琛
产品总监　郭力家
责任编辑　王　峰
装帧设计　孙　利
排版制作　隋淑凤

本书著作权、版式和装帧设计受国际版权公约和中华人民共和国著作权法保护
本书所有文字、图片和示意图等专有使用权为时代文艺出版社所有
未事先获得时代文艺出版社许可
本书的任何部分不得以图表、电子、影印、缩拍、录音和其他任何手段
进行复制和转载，违者必究

心中的向日葵

《语文报》编写组 编

出版发行 / 时代文艺出版社
地址 / 长春市福祉大路5788号　龙腾国际大厦A座15层　邮编 / 130118
总编办 / 0431-81629751　发行部 / 0431-81629758
官方微博 / weibo.com / tlapress
印刷 / 北京一鑫印务有限责任公司
开本 / 700mm×980mm　1 / 16　字数 / 153千字　印张 / 11
版次 / 2018年8月第1版　印次 / 2023年6月第5次印刷　定价 / 34.80元

图书如有印装错误　请寄回印厂调换

编　委　会

主　　编：刘应伦

编　　委：刘应伦　赵　静　李音霞

　　　　　郭　斐　刘瑞霞　王素红

　　　　　金星闪　周　起　华晓隽

　　　　　何发祥　朱晓东　陈　颖

　　　　　段岩霞　刘学强

本册主编：沈　燕　黄鲤娥

副 主 编：王汉明　郑元发

目 录

长春花开

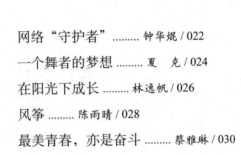

听，那花

一路相伴的小红布

种植一片稻香

最美的风景

长春花开

多少年过去了，每当我看到那朵朵美丽，缕缕芳香的长春花，总让我想起勤劳善良，对生命分外爱惜的奶奶。那不只是长春花，而是一个农村老人对生命的爱惜。

那串甜甜的糖葫芦

林楚悦

　　每当闻到糖葫芦的香味，我就想起那已故的爷爷，那张慈爱的脸庞，那双饱经沧桑的手。

　　爷爷生前是一名中学历史老师。小时候，我总是坐在他身边，静静地听着爷爷给我讲历史故事，读完以后，爷爷总问我故事中的人为什么这么做。如果我回答得不好，他就会用手轻轻刮一下我的鼻子，又用尺子轻轻拍一下我的手，以示惩戒。如果我答得好，他就会对我说："真棒！走，爷爷带你去吃好吃的糖葫芦去！"于是，他拿着自行车钥匙，带我去买糖葫芦了，我坐在后座，靠在他身边，双手抱着爷爷的腰。爷爷边骑边说："我们这儿的糖葫芦又香又甜，价格又便宜呢！我保证你吃了还想再吃。呵呵呵……"爷爷笑着蹬得更起劲了。远处传来一阵阵糖葫芦的香味……

　　后来，爷爷病了，我跟着爸爸来医院看望他，爸爸带着我走进一间病房，病房里刷着白色的墙壁，铺着白色的地毯。爷爷穿着一身白色的病服，坐在白色的病床上，盖着白色的被子，正在输液，人非常虚弱，看见我来了，伸出瘦骨嶙峋的手从口袋里掏出几张皱巴巴的纸币，满脸愧疚地对我说："对不起，宝贝，爷爷再也不能带你买糖葫芦了，这些钱你拿着，以后肚子饿了买点糖葫芦吃！"我不想让爷爷

为难，便把钱握在手里。

过了几个月，爷爷在新年的前一天闭上了眼睛，永远地离开了我们。我记得那是个寒冷的凌晨5点，当听到这伤心的消息，顿时我眼睛红了，枕头湿了一大片，不敢相信这是真的，直到爸爸妈妈办完爷爷的后事，带着憔悴的神情回来，我才明白这一切不是梦。

爷爷真的去世了，这时，爸爸递给我一串亮晶晶的糖葫芦，呜咽道："爷爷生前最喜欢看你吃糖葫芦了，这是……"我接过糖葫芦，舔了一口，真甜，可想起了爷爷那饱经沧桑的手，想起了爷爷那慈祥的脸庞，我禁不住，眼泪一串串滚落下来……

那座矮小的平房

杨玲玲

003

每当我路过老家的旧房时，总会想起去世的太奶奶。

太奶奶的房间阴暗、潮湿，但我非常喜欢。每次一回到家，我就直奔太奶奶的房间。"来，给你。"太奶奶总会塞给我一元两元。"我可不是来要钱的。"我下意识地塞了回去。老人一人生活不容易，（即使奶奶在，可是乡下日出而作，日落而息的生活，耕田种地还来不及，哪有空余时间照顾太奶奶？）而太奶奶只是笑笑，趁我一不注意把钱塞进我的口袋。剩下的时间里，太奶奶总会给我讲故事，还会煮东西给我吃。我玩得不亦乐乎。

在房里待得腻歪了，太奶奶还会牵着我的手，深一脚，浅一脚，走过鹅卵石铺成的道路，走到太奶奶平房旁的树下。虽然我并不知道那棵树叫什么，开的什么花。太奶奶总会踮起脚尖，摘下一朵，放在我的手上。我细细端详它，左看看，右瞧瞧，总觉得看不够摸不够。就取名为绒球花吧！我摸着那朵红艳艳的没名字的花，闻了闻，有股淡淡的幽芳，让人沉醉，让人着迷。我摘下叶子，叶子边缘呈锯齿状，纹路十分清晰。我把花和叶凑在一起，瞧，红花衬绿叶多美！

就这样过了几年了，太奶奶腿脚不方便，每天躺在床上，偶尔出门，也都拄起了拐杖，再回去的时候，我就依偎在她身边，昏昏欲睡。

时光飞逝，残酷的岁月将太奶奶的身体拖得一天不如一天，最后，太奶奶还是永远地离去了，永远地睡着了。我一把鼻涕一把泪，走到那座矮小的平房，虽然并不华丽，并不富有。但在那破旧的木门，损坏的砖，还有破烂不堪的家具里，装满了温馨，装满了我的童年，装满了我的回忆。

多少年了，每当我看到太奶奶那矮小的平房，便想起太奶奶温暖人心的微笑和她对我的一份爱。

长春花开

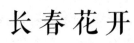

蒋书宁

窗外的长春花又开了。那朵朵美丽，缕缕芳香的长春花，总让我想起勤劳善良，对生命分外爱惜的奶奶。

我十岁那年，奶奶从"远在天边"的老家来到我们的"小阁间"。妹妹高兴地带奶奶"参观"了一番，奶奶凳子还没焐热，便马不停蹄地打扫起来。

只见奶奶以迅雷不及掩耳之势系好围裙，左手拿着个扫把，右手提着个畚斗，脚踩拖地鞋，围裙兜兜里还装着许多清洁剂、抹布等等，数不胜数。瞧奶奶这身装扮，不知道的人还以为是推销清洁用品的呢！

奶奶像离弦的箭一般飞奔，搞得我一阵头晕眼花，看着奶奶从四面八方涌来的影子。我一阵眩晕，差点晕倒在地。

不一会儿，"八臂哪吒"拿着一盆破旧不堪的"不明物体"，怒气冲冲地看着我。如果奶奶的两眼会放电，我恐怕早已燃烧成灰烬，烟消云散了吧！

"这是什么？"奶奶单手叉腰，气愤地问我。

我目不转睛地盯着那盆破旧不堪的物体，我一拍脑袋，那不就是长春花吗！脑海中顿时流过了上千幅图像。"哦，这是上次老师要用来做科学实验的长春花。"

奶奶一听，火冒三丈："你既然种了它，就必须要对它负责，我虽然是粗人，没读过多少书，也没什么文化，可我知道，每一颗种子都是一份希望，也是一个鲜活的生命。"

我听了，惭愧地低下了头。

"它是多么努力，多么拼搏！才从一颗微小的种子经过漫长的蜕变，露出泥土。而你，却不管不顾。"奶奶语重心长地教导我。

"对不起，我以后一定会好好待你的。"我小声地对长春花说道。

接下来的日子，在奶奶的悉心栽培下，长春花茁壮成长，开出了朵朵粉的，白的花。花是那么纯洁，那么美丽，就像身穿白衣的小精灵。

多少年过去了，每当我看到那朵朵美丽，缕缕芳香的长春花，总让我想起勤劳善良，对生命分外爱惜的奶奶。那不只是长春花，而是一个农村老人对生命的爱惜。

爱的巧克力

林雨霏

每当我看到便利店里摆着的巧克力，便想起那块包含着外婆浓烈的爱的巧克力。

我的外婆由于胃病不断加重，每年大半部分时间都去湛江舅舅家静养。今年病情更是不容乐观，在把外婆送去机场的路上，大家都沉默不语，连平时最淘气的妹妹都闭上了嘴巴，一双大眼睛透露着无限的哀伤。她不时抬头望望外婆，用哀求的目光看向外婆，希望她不要抛下自己一个人去舅舅那。

我紧闭着嘴巴，用牙齿咬住唇瓣，尽力使自己不哭出来，我吸了吸鼻子想将忧伤赶出去。可是眼眶依旧有些泪水在徘徊，颗颗饱满，似乎下一秒就会夺眶而出。

一阵沉默后，机场到了，外婆沉默不语地将行李拿了下来。这时，我再也忍不住，眼泪"吧嗒吧嗒"地流下来。落在了我的手背上，落在了我的腿上。犹如一颗颗晶莹的珍珠滚进外婆的心扉，外婆也"呜……"地哭了。那哭声是那么无助，那么渴望回到我们身边。

临上飞机前外婆拿出纸巾，擦干了我的泪水，又递给了我一块

006

巧克力说："孩子，吃下巧克力就不哭了，外婆明年就回来了。"说完，便登上了飞机，只留下我呆呆地站在那，望着飞机渐渐地远去，直到消失在天幕中。

我望着手中的巧克力，眼角逐渐湿润了，泪珠爬上了睫毛，落在了巧克力光滑的外衣上，又滑到了地上。一块小小的巧克力，里面承载着外婆对我深沉的爱。没有任何华丽的外表，没有任何甜言蜜语。只是一块小小的巧克力，却有着一位外婆对孙女的疼爱。

椅子·酒

郑新峰

每当看到有人在大口大口地喝着酒，我就想到太爷爷。

是的，是我的太爷爷，那个已经离世的太爷爷，那个因肿瘤去世的大爷爷……他的肿瘤长在肝与胆的交界处，汤之不及，药之不达。太爷爷生前最爱饮酒，最终因饮酒过量长了肿瘤。救护车来了好几趟，几次将太爷爷送去医院，几次都不见好。有一次，我小心翼翼地溜进太爷爷的房间，太爷爷的房间很阴暗，我本是想进来找东西玩的，却看到太爷爷侧身躺着，背对着我，被子盖得紧紧的，体色发黑，一动不动，仿佛什么知觉也没有了，如僵尸一般。我吓坏了，这还是那个曾在小石沟边捡未爆炸鞭炮放的老人吗？还是不惊动他，我又走了出去。

突然一天，太爷爷在凌晨的某个点逝世，爷爷伤心地哭了，奶奶叹着气。

那个曾在小石沟边捡未爆炸鞭炮放的老人去世了，我们再也见不到他了。大厅里还摆着太爷爷常坐的那把椅子，它就那么静默着，送走了它的主人。

那张挂在老旧大厅墙上的照片里，太爷爷仍是那么慈祥，他似乎在朝着我微笑。厨房里也有他的照片，那是他与太奶奶、爷爷、奶奶合照的，背景是在天安门广场，太爷爷身子佝偻，身体弯向右侧，嘴巴干瘪，眼睛眯微，虽然精神欠风采，但年轻时一定像个军人一样硬朗吧。照片有点泛白，可是载着我对他往事满满的回忆……记得有一次太爷爷把幼小的我抱在他的腿上，一边问我："你几岁啦？"太爷爷说的是本地话，我当时听不懂，于是调皮地喊了一声："坏蛋！"就挣脱出来，跑走了，太爷爷笑而不言，他头仰在椅子背上，眼睛轻轻闭上，仿佛睡着了。

可是，那一天他真睡着了，而且不会再醒来了，愿他能在墓中安睡永年！

每当看到那张太爷爷的椅子，我都不禁地去抚摸它，好像是抚摸着太爷爷。

我打戏台走过

陈佳佳

已是深秋，天高雾浓，落叶像断了魂的金蝴蝶摇摆着自己生命最后的舞姿。我漫步于街，一切都显得寂寥。

我来到一个小巷，有一场好戏正在上演。那并不是很精致的容妆，观众也并不是很多，稀稀落落地分布在四周。"大王意气尽，贱妾何聊生。"这哀婉的声音与记忆中的声音重合，引我的思绪去了多年前的故里。

那时候日子长，过了今天还有明天，我与奶奶一起生活。虽然不能得到所有的满足，但却有清欢。

暮春时节，好戏总是会随着春天的温暖如期而至。阳光明媚，我手里拿着一根糖葫芦陪着奶奶坐在戏台下看着那些画着"怪脸"的人在咿咿呀呀地唱着。我看不懂，只好捧着我的糖葫芦专心致志地看啃着，奶奶却是在专心致志地听着，跟着一起小声地哼唱。

一台好戏落幕，我小小的手牵奶奶那大大的手在那繁华的小街逛着，走着，笑着……

时间就这样匆匆流逝，我与奶奶从矮矮的平房住进高高的楼房，从安静的小镇来到了繁华的城市。奶奶开始变得沉默不爱出门，每天唯一的爱好就是在暖阳照入的阳台搭一个躺椅，听着《霸王别姬》，哼唱着那一句"大王意气尽，贱妾何聊生"，虽然我不知道那是什么意思。无聊时，我也会搬一把小凳子坐在奶奶旁边听着。

笙歌归院落，落灯花下楼台。一曲戏终，观众却还没有离开，曲终人未散。当年的旧时光就像一场老去的戏，我就是奶奶的观众，就算那场戏已经散场了，但是我是不会离场的，我要陪着她，听她唱到地老天荒。

旧城旧事故人已归，我也终于明白了为什么奶奶要一直重复地唱着那句话了。她思念自己的故乡了，她对故乡的爱深沉而又浓重。我也开始珍惜时光留下的痕、那些陪伴着我的人、那些年沿途走过的风景……

不变的菖蒲香

林成骅

晚风袭人，我独坐书桌前："一尘不许谓幽雅，百草谁能并洁娟"。反复呢喃着，记忆仿佛倒退了十年。

挂在门楣上的菖蒲叶被风摩挲成沙，那叶片，变了色。

犹记得那是一年端午，你将我抱在怀里，我稚嫩的手，与你那布满岁月刻痕的手，一齐握着那菖蒲，你握一端，我握一端，将其插入门楣上的小洞。那是怎样的菖蒲？"临水而生，盛开如亭亭少女。""它如你一般，临着这江水而生，伴着一股让人醉心怡神的香"外婆对我说道。我呵呵笑道："外婆，你也是，你身上好似总有一股菖蒲香，一年四季都有！"你笑而不语，只是拿来一个锦包，挂于我胸前，氤氲着我的胸膛。如你一般。

长大的我才知道，原来那是你久伴菖蒲而留下的香。门楣上的叶，终究会散了香，而你对我的爱，却不会改变。

挂在门楣上的灯被风摩挲成沙，那灯光，变了色。

犹记得那是一个夏夜，我与你相对而坐，和着那明亮的灯光，读着古诗句。读了一会，我开始望着那灯光发愣。你拿来一把蒲扇，再点上一把枯黄的菖蒲驱蚊，微黄的烟袅袅升起，空气中开始弥漫起了菖蒲香。你说菖蒲好，比什么蚊香都灵。我说你好，比菖蒲还好。你望着我，我望着那烟，突然不说话了。良久，我困了，靠在你怀里，你伸出手，摸了摸我的头，眼角似乎有泪光闪过，迷蒙里，隐隐约约中，那菖蒲化作外婆的模样，守护着我，陪伴着我。

时光流逝，那挂在门楣上的灯也许会越发昏黄，而你永远都如明珠般明亮，我虽在成长，但你的容貌在我心中从未改变。

多年以后，临水而伴的菖蒲或许会随着时代的变迁而消失不见，但记忆中的菖蒲，永远在那里伫立。随着推土机的轰隆声，我看见菖蒲在风中飘扬飞散的身影，而你的身影，如今已随着那风离我远去，但我想，那风带来的香，却早已与我融为一体，不可剥离。

如今的我，想着故乡改变前的菖蒲丛，忆着你留在我身上的爱，将满腔对你的思念注于笔尖。埋头，衣袖里似乎藏着从空气中飘离而来的香气，哦！是菖蒲啊！

世界在变，而你的身影，终不会改变。

011

窃　爱　记

欧靖铭

十二个春秋，十二个年华，十二个不一样的我和那个一如既往的你。

——《题记》

"路上慢点走，不要乱跑…"

"知道啦!"我拽着书包,拿着带着微微温热的牛奶和早餐,来不及翻好衣领就风风火火地赶下楼去。我总会在楼梯拐弯处顺手拽一下那日久生了锈的栏杆,老房子那十二阶的楼梯也总是嗒嗒嗒地跳三下就解决,以至于每每当我快迟到时这样做,你就会在后面对着吱吱嘎嘎挡着余音的铁栏杆长长地叹气。其实你不知道,我是那样的小心。

现在偶尔想起小时候,我最喜欢的事情就是跟着你上街买菜,因为我知道你总会给我买最爱的糖炒栗子。其实我什么都不会做,只是一定要你带我一起去,如果不我就会哭闹得像个三岁小孩儿,其实我就是个三岁小孩儿吧,其实我根本就长不大吧。十岁生日那天,你说,晚上给我做好吃的。于是那个氤氲着阳光的下午,你牵着我去了街上。

在街上,我淘气地跟在你的身后,"妈妈你看那条鱼它在跳诶!"看着你弯下腰一边同守摊的女人聊着家常话,一边认真地挑选晚饭的食材。那时街上的人很多,每个摊位都挤满了人,好像一低头就能扎进街头巷尾的喧嚣里。余晖一点一点映在你的侧脸,你的双瞳染上夕阳,那是我从未见过的颜色。渐渐地,太阳落下去,你手上的篮子愈发的满。忽然你侧过身来,斜阳换了一个更加慵懒的姿势洒在你和我的脸上。我们走进那条巷子,那扇木制的朽门伴依旧敞开着,墙上微微泛黄,一个老婆婆倚在门板上坐着针线活。

"婆婆,一袋栗子。"

"好嘞。"婆婆弓着背,悠悠站起来说,"孩子又长高啦。真好。"

再后来,我捧着栗子看你在厨房里忙碌,偷偷闻着"妈妈的味道",把它偷偷藏在心室里。

天黑黑,月亮弯弯,夜已经很深很深了。

嘘,你知道吗?十岁生日那晚我许了一个愿望,我说,既然你爱花，那么我就要用余生为你栽满一院子的鲜花，伴藤椅，伴枯木长新芽；嘘，你知道吗？我说，我不记得什么时候起偷窃了你多少的岁月和爱。我只知道，我要依旧做一个"岁月神偷"盗取你更多的爱。

朋友交，言而有信

林千帆

朋友向我借了一本曹文轩的《青铜葵花》。

我答应了她，朋友很高兴。她要回座位，刚走几步就回过头来："你可要记住了，帆，答应过别人的事，可不能忘记啦！"我拼命地点头，行了个礼："遵命，长官！"朋友笑了，笑得很开心。

回到家里，我一眼就看见那本被我用干净的书皮包了起来的《青铜葵花》，书的封面格外精美：小男孩儿青铜和小女孩儿葵花坐在高高的草垛上，正向前方眺望。图案上方有几个金光闪闪的大字"青铜葵花"。

不知怎么，我有点不想把书借给朋友。因为我只看了书中的第一章，嗯，非常好看！可，可是还有那么多我还没看完呢。我只好拼命地看，看得入神的我却忘了时间：只剩下十分钟了，我就要去学校把书给朋友了。

我多么想尽快地看完这本书啊。对了，我可以告诉她：作业太多了，拼命做，忘记带了！或者说走得太急了，忘带啦！反正她是我最好的朋友，我一次不守信用，无所谓啦！她一定理解我的。

可就在刹那间，我的脑海中浮出了《论语》中的一句话："与朋友交，言而有信。"我红了脸，立刻改变了主意：一定要借给她！

我捧着书，递给朋友："给，这是你要的书。"

"谢谢！我就知道我的帆帆最讲信用了！"朋友欢欣雀跃地抱住了我。

我一直把"与朋友交，言而有信"这句话当作自己的座右铭。是啊，一个人与朋友交往，必须要讲信用，别人才会信赖你。

人性的光辉

陈予越

014

有了诚信，天会更蓝；有了诚信，水会更清；有了诚信，人心更美丽；有了诚信，社会更澄澈。诚信，改变世界的力量！

一缕阳光，一把利剑。诚信将阴霾扫除，将虚伪折断——时光千年，诚信成为无数中国人心中的标尺，衡量出道德的底线。曾经的"民无信不立""轻诺必寡信"到今天的"生命不可能从谎言里开出灿烂的鲜花"。吟咏诚信，我们无悔；抚摸诚信，我们无愧。让我们秉着"诚实做人，诚信做事"的原则，迎接挑战，开创新时代！

2011年春晚，由黄海波、海清共同演绎的小品《美好时代》闪烁着诚信的光辉。彩票站店主"毛豆豆"为朋友"白雪"垫付的一张彩票中了五百万大奖。面对这个"心灵的抉择"，他们最终选择了诚信，尽管其中经历了激烈的斗争。这个小品是有生活原型的，面对金钱诱惑，生活中的很多好人，毅然将钱归于原主，谱写了人性的光辉，唱出了诚信的真谛。

要唱诚信，我们不得不歌"信义兄弟"——孙水林、孙东林。

孙水林，武汉市建筑商，腊月廿六，他计划从老家天津赶赴武汉，但天气预报说今后几天天津至武汉沿线公路可能因雨雪封路，便准备提前赶回去。因为，在春节前发工钱，是他对民工的承诺。他提取26万现金，带着妻子和三儿女出发了，没想到，因路面结冰，发生重大车祸，他们一家五口人全部遇难。弟弟孙东林为了完成哥哥的遗愿，来不及安慰父母，就把钱如数送回农民工手中。言忠信，行笃敬，为了承诺，风雪接力，演绎现代传奇。名副其实的感动中国人物，让我们看到了中华希望！

为了诚信，有人可以舍生忘死。因为这古老的信条，世代相传，燃起神圣的火焰，愈烧愈旺。但我们不会忘，也不能忘记，2008年的"三鹿奶粉掺入三聚氰胺"事件，给国人脸上抹黑。诚信啊，失去了它，便会为世人唾弃！

015

曾经的三鹿，打着"免检产品"的幌子，宣传着"宝宝爱喝，妈妈放心"的广告，暗地里却做着背信弃义，天人共诛的勾当：添加三聚氰胺，导致婴儿体内结石。这是谋害尚在襁褓中的"祖国花朵"，令人不齿。这样做既失去信义，又危害婴儿健康，罪大恶极。

诚信，乃一个民族的钙质。有了它，脊梁才不会垮，民族才不会垮，中国才不会垮！

有人说，诚信就是良心，就是人道德的起点。谁输在起跑线上，便输了一生。我们是祖国的接班人，面对谎言，请说"不"，将诚信发扬光大，让"诚实做人，诚信做事"化为和煦春风，吹进每个人心中！

诚信——人性的光辉，有了你，世界将四季如春！

诚信之树

周宏运

诚信是中华民族的美好品德，他像一棵高大的树，能为他人挡风遮雨，纳凉避热；而谎言好比泥潭，一步迈入，只能越陷越深，无法自拔。

记得有一次，妈妈在菜市场中收到了一张五元的假币，气愤的同时，妈妈并没有找机会用掉它，而是带回了家中。当时我好奇地问妈妈，这是假币，还带回家干吗呢？妈妈微笑着说道："虽然别人欺骗了我，但我不能再去欺骗他人，这样恶性循环下去，人们之间就再也没有信任了，所以我带回家来准备销毁掉。"当时我心想：妈妈真是太傻了，反正自己也是受害者，凭啥就得我们受委屈呢？于是我跟妈妈要下了这张纸币，说想拿来玩。

走在路上，手上把玩着这张假币，我发现其实做得很像了，不然也不会把我细致谨慎的妈妈都给骗了，这时我想起了昨天在玩具店中看中的那个变形大猩猩的玩偶，正好也是五元钱，我的心里顿时挣扎了起来，我心想：玩具店的老板挺熟悉的，对我这个常客也不是太防备，只要不被发现，我就能带回那个心爱的玩偶了！可是妈妈所说的话却清晰地在我耳边响起，就在我做着强烈思想斗争的时候，我竟不知不觉地来到了玩具店，店老板热情招呼我，"小朋友，那个大猩猩还给你

留着呢，你真心喜欢，四块钱卖你吧！"这时我的心理防线彻底地崩溃了！我攥着被我捏得皱巴巴的五元假币，递给了老板，老板看也不看，利索地找给我一元硬币，心虚的我不做逗留，立马离开玩具店。

回家的路上，我却没有买到新玩具的喜悦，手中的玩偶和那小小的一元硬币显得如此的沉重！我欺骗了信任我的人，我得不到快乐，那我还需要这个玩偶干吗呢？最终，妈妈的话让我下定了决定，我不能让这张假币恶性循环下去。我回到了玩具店，向老板解释了实际的情况，并诚恳地道歉，老板没有责怪我，反而表扬我知错能改，善莫大焉。我当场将那张假币撕得粉碎，我深深地吁出了一口气，心中的大石头终于落地了。回家的路上，我迈着欢快的步子，虽然没有得到心爱的玩偶，但我获得了内心的愉悦，我最终还是守住了我的诚信，没有对他人造成不良的后果，没有辜负妈妈的教诲，我用行动把自己从谎言和欺骗的悬崖边上拉了回来！

诚信是种美德，犹如一棵树般扎根在你的心中，让你的心灵更加的美丽，让你的人生轻松欢快，让人与人之间更加和谐。如果你有过内心的挣扎，如有你有曾经想欺骗他人的冲动，那么像我一样，把它扼杀在摇篮里！

诗词——中华文化不败的信仰

魏子诚

"诗词，是中华民族最精粹的文化，也是世界文化的瑰宝！"拜读《传承中华文化，共筑精神家园》一书，我领略到中华文化的群星璀璨；观看央视《中国诗词大会》，现代诗词达人，摧城拔寨，令人豪情万丈。

曾以为，诗词筑成的山，早已在"物是人非事事休，欲语泪先流"的叹息声中，尘封了自我，迷离了灵魂。

曾以为，没有人如容若般，以自然之眼观物，自然之舌言情；没有人如苏轼般，吟出"大江东去，浪淘尽"的豪情壮志；没有人如杜甫般，诵出"会当凌绝顶，一览众山小"的开阔胸怀；也没有人如李白般，拥有"天生我材必有用，千金散尽还复来"的洒脱、大气！

但是，我错了……

2016年《中国诗词大会》中，群雄争霸，现代诗词爱好者共襄盛举，额手相庆。凄凉的"满地黄花堆积"被无数人传唱；"近乡情更怯"的离愁令游子难忘；"男儿何不带吴钩"是多少热血男儿的渴望……诗词之山的灵魂渐渐苏醒，我心中的块垒也渐渐冰释。

中华文化传承五千多年，从未有一中断。若道此是一柄宝石利剑，诗词，则是镶嵌其中的最夺目、最绚丽的一颗珍珠。或许，有人会对此不屑一顾，试问如何？源远流长的中华诗词，朗朗上口，荡气回肠；含英咀华，气质自华。她是我们的精神图腾，是泽披神州、植根大地深处的文脉和精神！我们也许青睐过外国的现代诗，但它却不如中华诗词静流中的一滴水。

霎时，我忽地明白了：诗词，就是我们中国真正精粹的文化；诗人的精神，便是我们中国真正不败的信仰。外国人的漠视与怠慢？因为他们无知！我们不必去理会，更不必为此而自卑。只要我们将那诗词之中真正的精神，弘扬到全世界！共筑一个美好的精神家园！让所有人都知道：我们的国家是有丰富文化内涵的，我们都是真正的炎黄子孙！

远方和诗词在等待我们！诗词是中华文化不败的信仰！

中国诗词是中国传统文化的瑰宝，在时间的长河中没有暗淡沉没，反而愈久弥香！

这天夜里，厨房里有一场不同寻常的会议……

厨房控诉会

陈晓彤

夜，静悄悄，厨房里却传来一阵阵嘈杂的吵闹声，原来是厨房里的用具们正纷纷诉说着自己的不平遭遇。刀女士先发话了："大家给我评评理，这事能怪我吗？今天主人一边聊天一边切菜，结果切伤了自己的手。每次，我都想提醒她小心点小心点，可她总是一点都不注意。""对啊对啊！"电小姐气愤地说道，"他们经常洗碗以后不擦干手就触摸插座，大家知道的，我根本控制不住自己的力量。结果造成许多悲惨的事故发生，我不希望我成为杀人不眨眼的"刽子手，呜呜呜……"电小姐说着说着就哭了。"别哭别哭，不止你一人委屈。"老好人煤气罐叔发话了，"家家户户都能见到我的影子，我与人类的生活密切相关。对于人类，我可谓是'鞠躬尽瘁，死而后已'，可最后得到的是什么？房屋爆炸，人类一氧化碳中毒……都怪我。可街坊邻居们都知道，我可是大好人，没有我和火先生，人类哪能有安全、健康、美味的食物呢？可明明是他们自己不好好使用我们，没有经常替我检查身体，我的输气管被老鼠咬了他们都不知道，做完饭不记得将我关掉，害得我控制不住我身体里煤气，到处乱

019

窜……还好现在火先生不在，不然以他那暴躁的性格，听到这个话题，肯定气得火冒三丈"。微波炉大哥也迫不及待道："对对，他们从来不给我们检查身体，爆炸了就怪我们。"压力锅爷爷也点点头："是啊！看我一把年纪了，他们也不让我退休，我感觉我一上班就想要爆炸……""对，而且他们煮东西的时候一点儿也不专心，这边用我煮东西，那边去看电视，看着看着就忘了我啦，水烧干了都不知道，导致我的身体被烧得通红通红，差点就见不到大家了！"锅大哥也控诉道。 刀先生叹了口气总结道："真希望人们能够明白——厨房，是家中一个重要的组成部分，是美食的天地，它也是我们的'家'。希望人类能够善待厨房里的各种用品，按要求认真使用我们，注意厨房安全，千万别再让我们做自己不情愿做的事了。"天微微亮起，厨房里渐渐安静下来，窗外人声渐起，美好的一天开始了……

020

我是校园的一棵树

林逸帆

那是一个大雨倾盆的傍晚，暴雨来袭，漫天的乌云将整片天空卷入了灰暗之中。

作为校园中一棵顶天立地的大榕树，我当然天不怕地不怕了！我注视着每一个小心翼翼行走的同学。突然，一阵坏笑声传入我的耳内，一群调皮的男生拿着一块块石子抛向一只蜷缩成一团的小鸟。

喏，就这样，我认识了你。随后，你被一块巨大的砖头压得奄奄一息，你发出了一声凄惨的叫声，像在哀求，又像在痛诉。

我生气了，随着狂风的呼啸，我挥动着手臂，像一个张牙舞爪的绿巨人。可惜，我只是校园里的一棵树，没能像人类那样细致地为你包扎，你痛苦地闭上双眼，似乎希望自己不要再受人类与死神的折磨。我虽然只是一棵树，但土地妈妈告诉过我，这世界就是这样的，坏人多，好人少；逆境多，顺境少；但不论遇到什么困难，都要勇敢面对。

你也是啊！哪怕你已奄奄一息，但仍要与死神做奋力的斗争！

可你还是死了……

我是校园里的一棵树，如果有来生，我愿为你撑起一片绿荫，那里没有车辆川流不息，没有人类喧闹往来，那里充满着文明、安静与祥和。

假如我是一片云

陈子吟

我是一片云，天空是我家。

我的前世，是江河湖海中的小水滴，太阳晒在我身上，暖洋洋的。渐渐地，我感到轻飘飘的，我低头一看，我已经离开了我生活的地方，变成了一缕轻飘飘的水蒸气。我随着空气上升，在上升的过程中，我遇到了许多和我一样变成水蒸气的小伙伴，我们紧紧地抱在一起，变成了现在的我——一朵棉花糖似的白云。这是我的今生。

我在空中随风飘动。白天与太阳打招呼，晚上和月亮道晚安。我看见了繁华的都市，看见了绿色的田野，我看见了高山峭壁，看见了雪地平原。小鸟从我身边飞过，飞机从我头顶掠过，汽车在地面上呼啸，向前奔去。看来大家都和我一样，自由自在，无忧无虑。

这天，我飘到了一片干涸的田野。那片龟裂的土地上，农民的庄稼枯萎了，农民手里捧着泛黄枯萎的禾苗，紧皱眉头，在默默地哭泣。一位可爱的小姑娘，看着花盆中她心爱的小花瓣凋零……我哭了，我无声地哭泣，我的泪水缓缓地流在心里，越来越多，越来越多，我越变越重，越变越黑……最后，"哗啦"一声，我大哭出声，化成了雨！

我洋洋洒洒，洒遍了高山，洒遍了原野，我滋润着万物。扑向大地的那一刻，我看见了老农眼角绽放的笑容。

雨后，我幻化成一道彩虹，微笑着看着大地……

022

网络"守护者"

钟华焜

二十七世纪的网络已发展到了一个高度繁荣的时代，与此同时，网络病毒也"发达"了许多。由此，网络安全总站推出了"网络守护者"这一职务，主要负责鉴别网络不安全信息，保证网络世界的安全，就像二十一世纪的警察一般。这天，守护者wlshz8756926号第一次上岗，与他搭档的是wlshz0004569号。第一天上岗的新守护者对周围的环境好奇不已，"原来这就是网络内部的世界啊！"它看看错综复杂的网络，和飞驰的网络信息车感叹道。"是啊！每天都有上千万亿次信息从这里经过，而且仅仅就我们负责这区域就这么多了。"

"那我们的职责到底是什么？"新守护者好奇地问道。"清理网络中的'垃圾'，保持网络的文明、安全、绿色。"老守护者解释道。"怎么知道是网络'垃圾'呢？"懵懂无知的新守护者问。"很简单，只要看带有不良信息、网站、视频、图片的'黑信息流'给揪出来就好了。"老者说。

"这样多累啊，怎样才能让他们自己自觉过滤掉那些不好的信息呢？"新守护者问。

老守护者耐心地答道："这又要靠我们了，我们除工作本职外，还要多发布些防止病毒的信息。如：你用心观察，不乱点，少好奇，有防范，相信聪明的你是可以悬崖勒马的。只要我们好好利用网络的利，会让你知识面更广，坏处自然也不会来敲门。安全，让我们共同努力！远离这些网络'毒品'，不接受这些网络'病毒'等。"
"哦，这下我终于明白了。"新守护者如释重负。老守护者也露出满意的笑容。"那你有什么具体方案吗？""嗯，你看这样行吗？游戏好，别多玩。多玩伤身又伤神。不明网，不要点，看了对人准不好。要看就看信誉网，文明网络伴成长。"

"嗯，诗编得不错，接下来就看你的工作了。"老守护者笑着夸道。

突然，老守护者脸一青，新守护者关切地问："怎么了？身体不舒服？""没有。"老守护者摆摆手，"我想起来一件事，如果网络用户知道怎么防范了，我们就'失业了'"。说完他们就一齐笑了起来。

一个舞者的梦想

夏 克

　　我自幼习舞，至今也有六年多了。我的启蒙老师是地方上有名气的舞蹈家，她的学生不算多，但无不是夺走大赛一等奖或金牌的实力派。

　　小时的我很崇拜那些穿着紧身练功服的大姐姐们。她们有气质，前桥后翻都没问题，轻轻松松地就能转几百个圈。她们可以跳着属于自己的独舞，不像我们小孩儿，还跪坐在地上练着基本功。

　　所以，从小我就在心里立下了一个目标，终有一天，我也要成为像天鹅一样美丽高雅的舞者。

　　小时候的我韧带特别柔软，所以练功时我没吃多少苦，所有在别人眼里特别刁难的动作，我从不喊痛。长大了，韧带是会变硬的，有的时候活动不开，横竖叉100°都很难。年少无知，我以为平时偷一偷懒，不会有影响。可我却没有想过，当我原地踏步时，别人都在飞。

　　有一段时间我的功课很紧，舞蹈这种东西，一周不练就会回功，一回功再开韧带就是难于上青天。我就央求妈妈："妈妈，我能不能不学舞蹈了？"妈妈第一次凶了我，她说："花了那么多时间和精力来学舞蹈，现在一句不学了，一切就重归于零？你要当懦弱的逃兵？"妈妈深深地吸了几口气，语气轻缓地开导我："你再好好想想，妈妈不强迫你，你要真的很累，那就停下来吧。可你记住，你想要的未来，和别人不一样。"

是的，我的未来和别人不一样。当别人在看《喜洋洋与灰太狼》《巴拉拉小魔仙》的时候，我却对着电脑里的舞蹈视频一遍又一遍地琢磨；当别人在噼噼啪啪玩游戏时，我只能对着一架黑黑的琴，用指尖一遍又一遍敲击着白块儿……

生命就该这样，即使偌大的舞台上只有你一个人，也要展现出，最好的自己。

老师对我要求很高，别人把上耗腿十分钟，我要放手不扶地，坚持二十分钟。横叉只要一百八十度的，我的垫板却是一摞加上一摞。腹背肌是很重要，我需要做的数量比男生还多。我已经转到高高盘起的头发全散，好吧，请让我继续旋转。人生的舞台上，我要成为最强的舞者！别人羡慕我最先获得比赛资格，可他们看不见的，是我一听这伴奏就想吐血的场面。

额头上的汗水，眉毛下的泪水，你总得选一样。

舞室的东边，架子上放着舞蹈班培养出来的人才照片，以及，一堆又一堆金灿灿的奖杯、奖牌，还有奖状。每次痛得发慌，泪水盈满眼眶，一抬头，模糊的视线里总会映出几缕金光。然后我就会告诉自己"别低头，皇冠会掉的！"就是那样的信念，坚持着我一直走到今天。

或彳亍，或踉跄，或趔趄，或跌倒，借着明朗的阳光或幽暗的月光，我独自一人，向远方旋转，奔跑。我不识愁滋味，何愁无前程？！如今，我已亭亭玉立。我会参加很多比赛，会被邀请担任模特。我会赢回很多的奖状，成为老师家人的骄傲，走在街上，成为那些低头驼背的孩子的"整形"典范。

最近接了一个新的剧幕。在老师、学妹的家长面前试舞，我的跟前还有很多的小女孩儿，穿着蓬蓬的舞裙，很可爱。她们用美好而又憧憬的眼神望着翩翩起舞的我，就像曾经小小的我痴痴地望着美丽的大姐姐们一样。

"明月装饰了你的窗子，你装饰了别人的梦"。

世界这么大，我们这么小。

小小的我们，都在这个庞大的世界里一刻不停地努力着，同时也背负着巨大的压力，无奈着，冲刺着。

小小的我们，总是一刻不停地仰望着，向往着心中那个太阳一般光芒万丈的存在，却忘了有一天，我们也会成为别人心目中的太阳。

在阳光下成长

林逸帆

026

抬头望窗外，一朵鲜红的花映入眼帘，为充满诗情画意的春天增添了几分姿色。那朵花，经过严冬的考验，在仍有几分寒意的阳光下成长。

——题记

1

我是一个渴望展现自己的人。广播中，有我清脆悦耳的声音；舞台上，有我翩翩起舞的身影；课堂上，有我对答如流的场景……丰富多彩的生活忙得我不亦乐乎。

但有一天，同学的"闲言碎语"传到了我耳边。

我究竟做错了什么？我躲在角落，渴求理解的心让眼泪一次次夺眶而出。

窗外的百灵鸟不唱了，梢头的喜鹊不叫了。

它们累了……

世界是那样安静，安静得离谱。

2

"别哭了，来聊聊天吧！"不知何时，好朋友张坐在了我身边。

"你喜欢什么东西啊？"她先发话了。

"巧克力，蛋糕，你呢？"

"冰淇淋和气球，一切代表着阳光、快乐的东西。"张笑着说，"我喜欢快乐精灵，永远没有烦恼！"

在阳光下，她的眼睛显得又大又亮，嘴角的那一丝笑，是那样充满青春活力。张就是一个快乐精灵，一个能给人带来阳光的快乐精灵。

"那你觉得，什么东西最可怜？"她接着问，很奇怪，我的心被击动了，像中了魔法似的，我垂头丧气地说："小鸟和鱼儿，它们小得可怜，还有我，弱小得可怜。"

张有点严肃，她清了清嗓子，有点儿抗议："不！鸟儿虽小，但它逛的是蓝天；鱼儿虽小，但它玩的是整片的大海。而你，你被灿烂的阳光笼罩，你很幸福，也很优秀。"

说到"优秀"，我的心情有些沉重了。张拍拍我的肩："别再为那些无聊的话生气了，何必要用别人的错误惩罚自己呢。"

　　"成长，总要经历挫折。它使我们与成长又一次亲密接触。要记住，风浪在吞没弱者的同时，也扬起了强者的帆。"张才十二岁，就像个小大人了。

　　可这位"快乐精灵"说得也没错啊！有时候，我们最强大的敌人不是别人，而是自己；不要畏惧，真正勇敢的人，会迎着风沙走下去，甚至能含着泪奔跑。

　　阳光像洪水一样涌进了心房，乌云散去，天空露出了灿烂的笑靥。我在阳光中成长，从尘埃里开出花来。

　　冰心曾说："成功的花儿，人们只惊慕它开出花时的明丽，然而，当初她的芽儿，浸透了奋斗的泪泉，洒遍了所有牺牲的血雨。"是呀，成长的路上有悲，有喜，有泪，也有笑！只要我们用微笑去面对生活中的困难，便能让心中的太阳放射出最耀眼的阳光。伙伴们，让我们一同努力，在阳光下成长！

风　筝

陈雨晴

　　春暖花开，莺歌燕舞，风景依旧，蓦然回眸，阳光夺目，那光线如一根根风筝线，依稀瞧见，线的一头空无一

物。风筝已断了线，飞远了……

　　风筝在空中自由地飞舞着，斑斓的色彩装点着天空。小小的我羡慕地望着天上七彩的身影，尽管阳光刺疼了双目，也舍不得移开目光。望着望着，竟然委屈地大哭起来。

　　"别人都有，就我没有！"一路上，我抹着泪，跑回家找奶奶。看到奶奶，我的泪水如洪水般狂涌而出。奶奶怎么劝也劝不住，"乖孙女，要什么？你倒是说啊！""风筝！别人都有，就我没有……"我哭哭啼啼，重复着这句话。

　　第二天，我惊喜地发现床头有一只很漂亮的风筝，透明的翅翼上印着一个可爱的"皮卡丘"，不知是什么材质制成的筝骨，很坚硬，还连着一条白亮的丝线。我痴痴地看着手中的风筝，好美！

　　我把风筝带到公园。借着一阵东风，美丽如梦幻般的风筝飞上蓝天，在阳光的照耀下反射出耀眼的光芒。我的血液在风筝飞起的一瞬间也跟着沸腾起来。我的目光追随高空中的风筝，凝望着它，用尽全身的力气牵引着它向前狂奔……

029

　　线条崩断的声音突然响起，纤弱的丝线不比粗硬的麻线，它承受不住巨大的压力，很悲哀地断了。我狂卷丝线，努力地想拉回我的风筝。当我看到一头被污水染成灰黑色的丝线时，我哭了，一种从未有过的失落感涌上了心头。

　　现在的我长大了，被繁重的学业压昏了头，再也不放风筝了。但春暖花开，风景依旧，蓦然回眸，阳光夺目，那光线却如一根根风筝线，依稀瞧见，而线的一头，失散了我飘落的童年……

　　童心在歌谣里；童心在书中、在诗中；童心就在生活的每一个小细节了。

长春花开

最美青春，亦是奋斗

蔡雅琳

光阴似箭，世上事物皆如过往云烟，短暂青春不过尔尔。你要问我："何为最美青春？"我说："最美青春，亦是奋斗。"

青春是多样的，青春也是短暂的，人人都有青春，但不一定都是最美的。可我觉得，奋斗的青春永远都是最美的。倘若把人一生的时间比作一天的话，那么青春，就是初升的朝阳。如果把失败的人生，比作是充满暴风骤雨的一天，那么成功的人生就是晴朗而又明媚的一天。只有奋斗，才能把天空中的阴霾一扫而光，才能让头顶的太阳普照着属于我们的人生。正因为现在的我们正值青春，正值一天当中太阳刚刚升起的时候，有着充足的时间，充足的精力去奋斗，去拼搏，去实现自己的理想。

"黑发不知勤学早，白首方悔读书迟""少壮不努力，老大徒伤悲""莫等闲，白了少年头，空悲切"……许许多多的诗句与名言告诫我们，不要虚度了大好的青春年华，而是要好好地利用这人生中最美好的时光，勤奋读书，努力学习，朝着自己的事业和理想去奋斗。尽管走在这条奋斗路上，会有跌倒，会有失败，但我坚信，跌倒了就一定能爬起来，失败了就一定会取得成功。所以，青春也能因此变得更加美丽。

青春是激情的，是阳光的，是活力四射的。青春是一艘小船，我们要鼓起奋斗的风帆扬帆起航。虽然在漫漫航海路上，我们会遇到风雨和大浪的阻挠，但我们不能轻言放弃，正所谓阳光总在风雨后，风雨过后有彩虹。我们应该怀着坚定的信心，奋斗向前，让青春大放光彩。

　　而今，身为○○后的我们正拥有着阳光的青春，我们怎能让青春如流沙般在我们的指缝间流逝，随风而散呢？怎能在叹息声中虚度光阴，挥霍青春呢？眼下，我们要紧紧地把握住青春，让青春之花在奋斗拼搏之中绽放。

　　最美青春，亦是奋斗。青春，在奋斗中永远都是最美丽的。她像雄鹰，展开双翅，在天空中与风雨奋斗拼搏；她像苍松，挺立在白雪中，在寒风中与风雪抗争；她像梅花，傲雪绽放；她像翠竹，遇风自立……奋斗不懈，坚韧不拔，拼搏向前，都是最美青春的象征。

　　人生像疾驰行驶的列车，每一个转折点都是漫漫人生旅途的一站。青春这一站，沿途有太多太多的美丽的风景，但我们却不能因为一味贪恋这车窗外的美景，而错过了本该奋斗的青春。列车在时间的轨道上，不断快速地行驶着，时光匆匆，不能倒流，也绝不会给我们后悔的机会。我们只能把握住时间，把握住青春，为未来奋斗，为最美丽的青春奋斗。

031

　　青春无悔，这是我们人人都应该追求的目标。总有一天，青春终将离我们远去，蓦然回首，你会发现，原来曾经奋斗过的青春是那么耀眼、美丽。是啊，只有经历了奋斗，青春才会无悔，才会在人生的舞台上形成一个独具魅力和特色的闪光点。把握青春，在青春的激流中拼搏，这才是我们应该做的。

　　青春，是一首歌，要唱就要唱得最嘹亮；青春是一支舞，要跳就要跳得最优美；青春，是一幅画卷，要画就要画得绚丽多彩；青春，是一章乐谱，要谱就谱出最动听的旋律……勇于奋斗，敢于拼搏，最美丽的青春就应该是这样"不鸣则已，一鸣惊人"。

最美青春，亦是奋斗。张开奋斗的翅膀，向着梦想拼搏。让我们的青春变得更美，变得最美……

听，那花

　　她不再像以前那样枝叶茂密，也没有老年人，没有小朋友，没有那桂花汤。我像往常一样爬上那树，我仿佛看见那一簇白色的花的缝隙越来越大，露出了黄色的花蕊，阳光从花瓣中照射到我的脸上，一阵风吹过，我笑了，那花开了。

听，那花

罗引希

城南有棵老桂树，俗话说"八月桂花遍地开"，其实桂花开的月份在九月十月左右，也就是秋天，当微风夹杂着桂花独有的淡淡的甜甜的香味拂过我的脸颊，我就知道秋天来了。老桂树伴随了我的成长，也见证了镇子的兴盛与衰退。记得，上小学的时候，必经处就是那棵老桂树，老桂树底下有一位和蔼的阿姨，她每天早上都出来卖桂花红豆汤。当太阳撒下光辉时，她就会推着她那已经掉漆了的小推车出来，捡拾起傍晚掉落在地上的桂花，洗干净再与红豆熬一熬，放点冰糖就是好喝的桂花红豆汤。早上上学的时候，妈妈都会买一杯桂花红豆汤给我喝。中午，能看见老爷爷坐在老桂树底下下象棋，老奶奶们在树下织毛衣给自己年幼的小辈，小朋友们则手拉手环抱老桂树，桂花从老桂树的头上落下，我知道，老桂树笑了。老桂树陪伴我度过了小学三年的时光，四年级的时候我要搬到城里。我知道我要离开她了，我好舍不得她，我不能再喝到那香甜可口的桂花汤，不能再看见老人们在桂树底下娱乐，不能再看见小孩子们围绕她的树干嬉戏，不能再爬上她感受她的花瓣落在我手上的感觉了，我走了。过了三年，又是秋天，我回到了老家，回到了老桂树的身边，可是一切都变了，她不再像以前那样枝叶茂密，也没有老年人，没有小朋友，没有那桂花汤。我像往常一样爬上那树，我仿佛看见那一簇白色的花的缝隙越来越大，露出了黄色的花蕊，阳光从花瓣中照射到我的脸上，一阵风吹过，我笑了，那花开了。

荒地之景

刘依静

在大人的眼中，那里是蛮荒之地；在我们眼中，那里是孩提时期的乐园，有"芳草萋萋鹦鹉洲"的活泼景象。"快点儿！"我瞪着慢腾腾的小宇，不耐烦地摆手，"要不你不要去了"，"那可不行，"小宇急了，动作利索，两下就搞定了，站得笔直向我敬了个军礼，"报告长官，准备完毕，请您指示！"我回敬了个礼，"好。所有人听令，拿上'武器'，我们出发"。众表弟挑好趁手的"兵器"，一趋一步地跟上。我们的目的地呢，是阶梯状的土地，具体的还待开发，今天便随我一起探索吧。随手在地上捡一根长些的枯树枝，当作拐杖；表弟们有的手握镰刀开路；有的拿个篮子；有的在舞树枝……恩，这片叶子不错，颜色清新，脉络独特，带回家做书签；瞧，那个角落里的小花好可爱，摘两朵走吧；哇，黑白相间的蝴蝶耶，来来来我们一起嬉戏……几枝蒲公英在角落里摇曳，我蹲下身子，呼出一口气，白色的绒毛像一把把洁白的小伞缓缓地上升，旋转，飘浮，飞扬，再轻轻地飘落，直至粘上微微湿润的泥土。不久，我们登上第三层。那是满地的枯叶，恰如一群黄色的蝴蝶聚集在此处开会。往上是第四层，全是树，深绿色的大叶子，重重叠叠，望不穿，以至于叫

听，那花

人更想看见后面的风景，那一刻我仿佛置身于幽深寂静的原始森林。第四层的右边有块矮了三米左右的土地，中央是一棵似乎能遮天蔽日的榕树，树根有部分会狰狞地裸露在地面上，但是周围却是柔嫩的娇花。那被风抚摸后轻轻摇曳的，沙沙歌唱的，是曼珠沙华的花海。又是一阵风，我隐隐闻到香，悠悠地，无数蒲公英弥漫上来，有些飘落，有些在空中飞舞，有些在花边徘徊，那是艳红、纯白、棕褐、苍翠渲染的美卷。这里便是天堂，便是我们的乐园，此"荒地"之景，亦不逊矣。

留在心里的童年

林　甜

从刚出生的哇哇大哭，到现在的成熟，懂事或是叛逆，每个人都会经历一段十分美好的童年……

小时候的我只能用两个字来形容——幼稚，那些小屁孩干过的蠢事我都做过，把半个西瓜皮扣在头上当帽子戴，结果流得满脸都是汁液；把家中的大狗当马骑，不料被弄得浑身是泥；把鸡浸在河水，不小心自己掉了进去……以前各种各样发生在自己身上的"不幸"现在回想起来，总是那么的温馨、搞笑，也许童年就应该这样快乐。

还记得小时候跟邻居的小男孩儿玩过家家，他当爸爸，我做妈妈，再找一个布娃娃是我们的孩子。一起合力把厨房的锅、勺搬出来，把米饭放在里面，再把所有物品放在桌上做成一个看起来比较舒服的时间后，两人大喊一声"煮饭啦"便踩在小椅子上，用勺子一起在那些米一顿乱搅，大约过了两分钟，便从柜子里拿出盘子，把那些"煮熟"的"饭菜"仔细倒在盘子里，一个一盘端进房间里，放在床上准备"开吃"。有时候不小心把米倒在了床上，便以这个为理由，两个人一起"大扫除"。

学成着大人的样子，把抹布浸湿、拧干，爬到桌子上，用力地擦着窗户，一个则拿来笨重的拖把，装模作样地拖着地板。等到擦完窗，拖完地，两个人总会累得趴在床上起不来，于是就迷迷糊糊地睡了一觉。起来后便放着抹布拖把不管跑出去玩。

出去玩之前，我总会穿上自己最漂亮的裙子，拿着妈妈的眉笔在眉毛上轻轻地画着，涂上口红，自以为很完美地走出去，却总是把小男孩儿吓哭，这让当时的我情何以堪。

现在我们都长大了，也许那位当时被我吓哭的小男孩儿现在已经比我高了吧，也许更帅气了吧，也许他还记得当年把他吓哭的小女孩儿吧。这段日子对我来说是最快乐的时光。

037

我的童年离不开幼稚一词，如果可以，真希望可以一直这样无忧无虑地幼稚下去。

在心田种植和谐

张涵菲

阳光拐进屋子，扯入一阵和熙的鸟鸣，屋内的摆设被镀上一层金

听，那花

色的光晕。我要去拜访我的朋友，将他们的和谐收入眼中，种植在心田里。

带了一些小饼干出门，与凉爽的清风撞了一个满怀。瞧，那机灵的鸟儿正向我打招呼呢，是想让我赞扬一番你优美动听的歌喉吗？瞧，那调皮的风儿正在蓝天的怀抱中追赶着洁白无瑕的云儿呢。云儿也调皮地变幻着自己引以为傲的身姿，一会儿是绵羊，一会儿是兔子，一会儿是骏马，这是想让我与你一起变魔术吗？

走在鹅卵石的小路上，哼着田间小曲，帮帮小巧的蚂蚁搬家，帮帮可爱的毛毛虫找食物，帮帮勤劳的蜜蜂采花蜜，不小心碰到路边的小树，它却和我一起分享雨露，我一身的水滴，它高兴地点点头。

听，是谁在哭泣？不，是小河在唱交响乐曲的声音。走近点，再走近点，一宛清澈见底的小河猝不及防地撞入我的眼帘，迫不及待地捧起水来，冰凉爽快的河水亲吻着我的脸颊，温润着我的心田。不远处，有许多轻快敏捷的小东西正向我游来，它们有大有小，有红有黑。呵，是瞧见我带了吃的来吗？

我俯下身，把饼干分成小块，小心翼翼放入水中，心急的鱼儿张着樱桃小嘴追着飘走的饼干，真是可爱的小东西。

随着河岸慢慢踱步，一棵高大挺拔的大树像士兵一样笔直地站着，我在树底坐下，享受落叶归根给大地带来的温度。河中央，一朵犹如少女亭亭玉立的莲花，在荷叶的陪衬下，更显得洁白，小鱼儿在荷叶下玩起捉迷藏，可谓是"鱼戏莲叶间"啊！

这些和谐美好的景色，我已将它种植在我的心田，希望有一天能够生根发芽。

幸福，就是陪伴

伊 菲

天边挂着一抹殷红的残阳，渐渐地，被天的黑冲淡，难道残阳不幸福吗？不，它幸福，它有蓝天的陪伴和明天旭日的东升。

在充满欢声笑语的公园角落里，坐着一对老夫妻，他们穿着简单朴素，两鬓苍苍，一双布满蜘蛛网般的皱纹的双手紧紧相扣在一起，仿佛是孩童抓住氢气球怕它飞走一般。他们坐了许久，那位老奶奶轻轻地、小心翼翼地把头靠在她身旁老伴的肩上，老爷爷似乎察觉到什么，也轻轻把身体移过去一些。

039

他们之间没有过多的话语，公园的喧嚣也打扰不了他们的宁静。老妇人抬起头，在她老伴耳边说了什么，她的老伴立马起身弯腰把她打横抱起，动作熟练轻又轻，像是抱着如世珍宝一样，把她放在一旁的轮椅上，这期间他们没有说过一句话。仔细一看，原来老奶奶看不见。

他们慢慢地走，夕阳的余晖洒在他们身上，散发出一层光晕。仿佛这世上只剩下他们两个人。这对相濡以沫的夫妻没有过多的语言，他们相互陪伴，相互信任，相互给对方幸福。

爽朗的夏风吹拂着我的脸颊，继续带领着我走向碧绿的池塘。不远处亭亭玉立的荷花，在荷叶的臂弯下摇曳着自己动人的身姿，像是与鱼儿嬉戏，又像是邀我共舞。而荷叶静静地在水中欣赏着它怀里娇小的人儿，没有掀起惊涛骇浪，只是在荷花累的时候给它一个休息的

听，那花

港湾，在它稍逊风姿的时候，更加映衬它的美、它的动人，让荷花更耀眼些、更夺目些。

幸福，原来不是甜言蜜语，也不是感天动地的行动，而是默默的陪伴。

发现"小确幸"

陈子吟

每个人在人生中都会有许多发现：有的人发现了自然的神奇；有的人发现了无尽的快乐；有的人发现了温暖的友谊；有的人……

而在那一刻我发现了一种温暖的感觉——幸福。

清晨，一缕阳光透过窗帘的缝隙，洒进房间。我睁开蒙眬的睡眼，伸了一个懒腰，慵懒地起了床。

简单的洗漱后，我来到餐桌旁，桌上早已摆好了妈妈精心准备好的早餐：两片金黄的吐司，中间夹着一个煎得焦脆的荷包蛋，边上是一杯正冒着热气的牛奶。

平时我的早餐，有时是一碗小馄饨，透明的皮儿，包着切碎的鲜肉，皮薄如蝉翼，清亮的汤上撒着葱花、紫菜、虾皮；有时是一碟鸡蛋卷，皮儿煎得金黄，上面撒着碧绿的青葱、嫩红的火腿，边上还有一杯热气腾腾的豆浆；有时是一碗熬得浓香滑糯的清粥，就着一碟小菜和半个切开的、流着黄油的咸鸭蛋；有时，是一屉皮薄多汁的小笼包。这些随着季节而变化的早餐，伴随着我每个匆忙的早晨。

然而，在一个寻常的晚上，正吃着晚餐，我无意间一转头，看见了新闻联播中的一组画面：流离失所的贫民、瘦骨嶙峋的老人、饥寒交迫的孩子……我惊呆了！原来，在这个世界的一些角落里，仍然有孩子吃不饱、穿不暖，甚至没有纯净的水喝。更别提每天早晨从甜美的睡梦中醒来，从容地享用一顿美味的早餐。我突然发现，我是如此地幸福！

　　最近，我新学了一个词——小确幸。意思是微小而确实的幸福。

　　我发现，在我的身边，有许多这样的小确幸：每天早晨一顿温馨的早餐是小确幸；能够来到宽敞明亮的教室学习，是小确幸；生病时，妈妈送来的一杯水是小确幸。

　　原来细心观察，用心发现，幸福一直在身边。

驻扎在心里的幸福

　　这是一个安静而又美好的小镇，在这南方的小镇里，春天采草莓，夏天淌凉水，秋天拾落叶，冬天去登山。大概就是这样平常无奇的日子。

　　麻雀在楼房后的大树上筑巢歌唱，街道上行人来往，互相给个微笑，大声地打着招呼，心无芥蒂，敦实而温厚。在晨光下醒来，揉了揉惺忪的眼睛，从厨房里嗅到一阵香气，爸爸妈妈在厨房里忙活着给我们做着早餐，两人有说有笑，在欢乐中度过了一个早上。

爸爸的"娇气病"又犯了呢，在沙发上喊着："快点来，快点儿来……"妈妈赶忙放下碗筷就冲爸爸那奔去，像一个笑颜如花的少女一般向自己心爱的男人欢快跑去。她坐在了爸爸的身后，两只手在爸爸的背后捏来按去，累了就停下来歇会儿，没等爸爸喊停，不管多累都会一直重复那动作。娴熟的动作不断地冲击着我的脑子，我呆呆地看了好久，一声"停，你忙去吧。"打断了我的遐想。尔后，妈妈又去洗她的碗筷了。爸爸的目光也追随着去。

明眼人都看得出来爸爸就是故意要劳烦妈妈的，再说，爸爸做的家务哪有妈妈的多啊。我推了推身旁专心致志练吉他的哥哥，跟他讲道。他却边练吉他边说："这是一种幸福的事，就是让爱的人留在身旁，一分一秒也是美好幸福的……"我似懂非懂地点了点头。

后来，这种事情接踵而来，我也有些习以为常了。那次，妈妈提议拍张全家福，小时候拍的照片边角也已泛黄，有了年代感。等我们一家人顺利拍完了照片，爸爸额外要求我们给他们俩拍张照片。

爸爸妈妈坐在一张长凳上，却隔了挺远的一段距离，就这样先拍了一张带有仪式感的照片。也不知什么时候，一转眼的工夫，爸妈坐在一起，紧紧地挨在对方身上，爸爸牵起妈妈的手，重重地往妈妈身上一靠，那一靠仿佛世界都幸福得让我感到眩晕。妈妈的脸也泛红了，伴着哥哥半生不熟的音乐，哼唱的旋律，一张温馨幸福的照片便这样出炉了。

我曾问过妈妈，爸爸很显然是故意劳烦你帮他捶背，你怎么不拒绝呢？她却笑笑："我挺乐意帮他做事，也很情愿。"顿时间感悟了父母俩多年的情愫。

"你牵起我的手时，空气中炸开了浪漫的气息。"这份幸福驻扎在了心底，这是真挚又美好的事情。

橙味棒棒糖

李　烨

三年级的时候，我的妹妹伴着一阵啼哭声来到了这个世界，闯进了我的生活。

大概是那时不懂事吧，我执着地认为，妹妹会把爸爸妈妈、叔叔婶婶对我的爱抢走一半，甚至是更多。所以我拼命地排斥妹妹，骂她，打她。

每一次所谓的吵架与打架都是以爸爸妈妈对妹妹进行支援，对我发射"枪林弹雨"式攻击，我完败而告终的。爸爸妈妈不知道，他们的行为让我更加确定了我的想法。

现在妹妹两岁半了，吵架打架的"技术"比先前升了好几级，至少她不再需要爸爸妈妈对她进行支援了。

妹妹喜欢管我叫作"姊姊"。

有一天，妹妹跟妈妈买菜回到家，带回了一根棒棒糖。

怀着恶作剧的心理，我悄悄趁妹妹看电视不注意时拿走了那根香橙味的棒棒糖。妹妹很快发现了不对，趴在地上滚来滚去，一直哭啊哭啊哭啊，像下雷阵雨似的。她哭哭啼啼地说不出话来，爸爸妈妈也搞不懂她怎么突然哭得那么猛，只好任她在地上号啕大哭。

我心软了，把糖放在地上，滚了过去，糖正巧在妹妹手边停住。

妹妹看到糖，马上破涕为笑，一边擦眼泪一边颤颤巍巍地站起来。我转身回到书桌前看杂志，妹妹却进了我的房间，手里举着那根香橙味棒棒糖。

"姊姊，糖，姊姊的，姊姊喜欢，橙色的……"妹妹断断续续地说，把糖塞在我的手心里。

我懂了，妹妹的意思是："姐姐最喜欢橙色的糖，这个给姐姐了。"

我的眼泪喷涌而出，一下子抱紧了妹妹，手里紧紧地攥着那根棒棒糖，小声地抽噎着，不停地说："谢谢你……谢谢你……谢谢你……"

"不客气！"这大概是妹妹幼儿园的老师教妹妹说的礼貌用语。妹妹笑着，脸上还有泪痕，很大声地说了出来。

"姐姐，感恩节快乐！"

这次，我听得比任何一次都清楚，是"姐姐"，"不是姊姊"。

我也是在这时才想起来今天是十一月的第四个周日——感恩节。

这是幼儿园的老师告诉她的吧。

我不知道她是怎么知道我最喜欢香橙味的棒棒糖的，也不知道她是怎么软磨硬泡让妈妈买下这根棒棒糖的，我只知道这糖，很甜很甜——是爱的味道。

风吹进屋里，我的杂志落到了地上，翻到了某页：

家里人的爱就像阳光，如果你的身边有另一个人也在晒太阳，你总不能说他（她）把你的阳光抢走了一半吧？

……

我和妹妹一直紧紧地抱着，抱着，抱着……

禁不住的诱惑

徐凌钦

　　叔叔是个爱逗小孩儿，喜欢开玩笑的人，但是对人很和善。那一年，叔叔来我家串门，并带来了我从未吃过的牛肉。妈妈招待好叔叔，便去煮牛肉了。叔叔轻车熟路地就来到了我的房间，露出笑容对我说："猜，叔今天给你带来了什么好吃的？""嗯，不知道，叔，你快说。"我转过头，满面笑容，带着好奇问道。"是牛肉，很好吃哟！"叔叔，一脸坏笑道。"谢……"还没说完叔叔又补了一句话，"只不过小孩儿不能吃，吃了会变成牛哟！"他狡狯道来。这句话给我当头一棒，对于吃货的我来说，这是多么可悲的事啊。而叔叔，他一脸贼笑地离开了。不一会儿，厨房传来阵阵香气，让人垂涎欲滴。妈妈喊我去吃饭，我快速地吃完，尽量不去看那盘牛肉，但这般美味的食物始终在我脑海里挥之不去。"好香，什么味？"傍晚，我沿着这香味来到厨房，原来是牛肉的味道。我偷偷摸摸地看了看四周，没人。

　　"没事，吃一口就好，就一口，应该不会有事。"我在心里默默地自我安慰。最后没忍住，我偷吃了一口，哇，真香！吃完后，我跑到房间把门锁上，不由得心里一阵惶恐，十分害怕又后悔。突然觉得脚下有点痒，难道要变成牛了吗？我赶忙跑到镜子前却又不敢看，用手捂住了眼睛。怎么办？怎么办？越来越痒了，肯定要变了，到时候妈妈怎么可能认得我？伙伴们肯定会欺负我……我的眼泪哗啦啦地流下，唉，事情已成定局！我慢慢地放下手，睁开眼，惊奇地揉揉眼睛，啊！镜子里的我不是牛，还是好好的我啊！再往下看原来有一只蚊子在腿上咬我。原来如此，我松了一口气，激动得一手拍死了蚊子，唉，幸好幸好！ 生活中，许多事情是我们需要自己控制的，要学会禁得住诱惑，谁也不知道下一次会发生什么，怎么样？

快乐的童年

刘依静

童年是蔚蓝的天空，快乐是朵朵白云，使天空更生动；童年是湛蓝的海洋，快乐是丛丛珊瑚，使海洋更旖旎；童年是金黄的沙滩，快乐是颗颗贝壳，使沙滩更绚丽。回首童年，我们经历过许许多多的趣事……炎热的夏天，母亲携我探望外婆。问候了一众亲属后，小表弟趁我母亲不注意，直接拽我到门口。他龇着牙，贼兮兮地靠近，悄声道："你不是想去后山很久了吗？今天阳光明媚，风和日丽，择日不如撞日，走呗？"我皱着的脸一下子开了花似的绽出笑容，拉着他，咻地一下跑远了，跑了几步还回头瞧了一眼，确定母亲没发现我"出逃"。刚绕过屋子，就看到几个表弟围蹲在地上无聊地扔小石子，身旁的小鹏招呼他们过来后，把孩子王的宝座让给"年长"的我。分配好任务了，小亿、小鹏手拿镰刀在前面开路，小宇、小杭手持树枝扫尾，我则手握一根树枝作为防身武器。就这样，我们浩浩荡荡地出发啦。越过一个坡后，一条水流和一小丛深紫色的植物呈现在面前，后面还有一片绿油油的菜地，可爱的我想扑上去。我们踩着略微湿润的泥土爬到高地，那儿有几棵枝叶繁密的树木，有绿茸茸的草地，真想悠闲地打几个滚呀！"呀！看，这是什么？""是蒜吗？""好像还真是耶！"我被表弟们讨论的声音吸引，凑过去新奇一瞧，咦？这是什么？是"蒜"吗？不管它三七二十一，一声令下，"打包带走"，表弟们便争先恐后地开挖。挖了近十个，我们便提着沉甸甸的篮子欢天喜地地继续前进。又是一个坡呀，不料，站在小坡的顶端，脚下是海，是娇花的海洋，是红艳艳的娇花的海洋，随风摇曳，妖娆起舞。我们欢呼着，舞蹈着，涌入花海。夜幕将近，暮色四合，我们满载而归，载着的是篮子，载着的是歌声，载着的是快乐。

善良也是一朵美丽的花

陈楚文

上学的路上，我看到一位白发苍苍的老人，穿着破烂不堪的白色无袖背心，外面随意地披了件"环保工人"的荧光服。清晨的冷风肆意地从他松垮的领口内灌入，那老人却满头大汗。他正推着一辆满满当当的垃圾车爬坡呢，老人家骑不动，推也相当吃力啊！

我把自行车停在路边，给他让出条道儿，正犹豫着要不要上前帮帮那老人家呢。"嘀——"只听见后边有人不断地按着车喇叭，一个女人将头探出车窗，冲老人大喊："快点儿啊！那么慢！我要迟到啦！"随后又脱口骂了句脏话。老人回头望了望，有些焦急，更加吃

听，那花

力地推着车爬坡，渐渐和那女人的宝马拉开了一段距离。老人有些矮小，身体被庞大的车厢挡住了，我只看见一抹银白的细丝随风飘动，一左一右，然后渐行渐远，消失在坡的顶端。后面的宝马从我的身边擦过，甩给我一屁股尾气，我有点恨恨地盯着那银灰色的汽车，心里却有一种说不清的心酸感。

人与人之间为什么就不能多点理解和宽容呢？

近来，街旁的小店经常搞活动。我放学回家时，德克士的营业员就会递上一张优惠券。每次我都会接过券，认认真真地看一遍，然后眯起眼睛朝那位营业员一笑："谢谢！"她一愣，也很高兴地叫着："谢谢你，小朋友！"我就会小心地将优惠券放进书包里。每天都反复地这么接着，谢了……不为别的，我只是希望那些人可以在炎热的中午和寒冷的夜晚早点下班，早些回家和家人团聚。

午休时，我经常去学校旁的花店，拜访拜访那些花儿。前天，我又一次跨进了那家花店，店主定了眼看我，突然很高兴地跳了起来："哎呀，你最近有段时间没来了吧。上次你告诉我想买冬季的花，我上网订购了，这段时间帮你养着呢！看！是你喜欢的类型吧！"她指了指柜台前的花，我一看，还真不错呢！店主看我兴奋的样子，得意地乐着："我就说嘛，包你满意！你拿到班级里，老师和同学也会高兴的。你今天要是不方便带走，我就帮你再料理着！"

春来一捧迎春花，夏来一朵月季红，秋来一瓣清香菊，冬来一枝蜡梅香，我快乐地看着花店老板绽放在柜台前的善意之花，也希望有更多的美好与善良，一朵一朵，行走在街头，行走在心头……

你的善良，也是一朵花，为陌生人绽放，为熟人吐蕊。

伞　铺

欧靖铭

塞翁失马，焉知非福。这是一个耳熟能详的故事。

我家在一条街道里，街的尽头有一个拐角，拐过去就是一棵歪脖子树。阳光会透过罅隙，地板上显现一个个圆形的光斑。把黄色的盲人路衬得仿佛发着光。有一家铺子就在光斑前。里面是卖伞的，各种各样的伞。是他自己亲手做的，伞柄刚好握在手心，伞的骨架均匀地向四面八方散开，都是恰好的位置与粗细。他家的伞质量更是公认的棒，再大的风和雨都没能将伞吹散。所以啊，大家都会去那家铺子买伞，我家亦是。

049

小时候，我总会在周末时，跑过这条街和拐角，入眼就是在铺子门口玩积木的老板的女儿。我会拉起她的手，冲老板喊一句"我们去玩啦"，接着跑向老板家中的院子，又召集一群小伙伴，变换着花样玩。欢乐的时间总是过得很快，只有我坚持地赖在老板家，然后直嚷嚷着要看老板做伞。我喜欢蹲在他的面前看着他在那重复娴熟的动作。记得第一次看见老板做完一把伞时，我眼都直了，张大了嘴，嘴里的糖和着哈喇子一起掉在了地板上，然后庆幸当时没有地毯，然后抓过老板的手开始感叹，这样一双妙的手啊。老板会在女儿玩累时，把她抱到自己的腿上，笑着提醒她，别感冒了。他的女儿总会抬起手去戳他的两个酒窝，好深的酒窝啊。

听，那花

嗯。生意是不好做的。后来，伞铺附近新开了家伞店，用机器做出来的伞，花样很多很多。顾客图新鲜，都跑去那家店买伞了，门庭若市，可惜那不是伞铺。伞铺似乎越来越少的人来往了，只剩下我还天天跑去伞铺找小伙伴。偶然，我又看见了老板把女儿抱在了腿上，没什么不对。女儿说："爸爸，你为什么不笑了啊，不笑就没有酒窝了，那我就不能戳了。啊，该不会是因为我老是戳你酒窝，爸爸你不开心了吧还是被我戳没了？别呀，我不戳了，你笑笑呗。"老板可能是被女儿慌张的样子逗乐了，解释着，他没有不开心。然后，脸上的酒窝又显现出来。好像一切都很难，可是古人说过，塞翁失马，焉知非福。

老板变得更加努力地改良自己的伞。有的人是经不住夸的，那家伞店的伞快被店员们吹上天了，可机器做出来的伞，没有感情，少了那份质朴和真实。在这个时代，原汁原味的东西，应该更讨人喜欢吧，所以，伞铺的门槛又重新开始有人跨了进来，顾客更甚。

再后来啊，我又顺着盲人路，踩着那一个个黄色的凸起的小块，一定要每一小块都踩到才行，心里才会比较舒坦。路过铺子门口，我站在光斑下，撞见女儿正戳着爸爸的酒窝，喃喃着，酒窝更深了欤。

然后，老板瞧见了我，露出那月牙形的酒窝，招了招手，说：

"快进来吧，小伙伴们都在。"

他 的 笑

罗引希

都说爱笑的人运气都不会太差，他的笑就像那大海，奔腾起来富有力量，平息下来又舒畅人心；他的笑又像那片针叶林，能刺激我的心，但是在认真品味之后又是那么柔软，他的笑让我总是让我拥有毁灭世界但并不害怕后果的安全感。

他遍布在我每个阶段每个日子，在我呱呱落地时，第一眼看到的就是他的笑，那是幸福又宠溺的笑，在我学会喊他的名字会走路时，他笑了，我知道那是富有成就感的笑。

在我上学的时候，在我第一次取得好成绩的时候，他又笑了，我知道那是自豪的笑。在我和他第一次大吵一架后我道歉，他又笑了，但是我看到了无奈和忧郁，我并不喜欢，我希望他的生活被幸福填满，我就会放肆大笑，我知道，他喜欢我笑。

六年级因为功课紧，要去住校。离开家时，我们谁都不哭，因为我知道我难过他就难过，我说我走了，他又笑了，但是他的眼睛很亮，在他的眼里我看到了对我的期待和挽留无奈，于是我就放肆大笑，告诉他要经常联系。

但随着我慢慢长大，他也慢慢变老，我开始不知所措，我害怕，害怕失去他，他要是不在我身边了，我该怎么办，但是我无可奈何，花总要离开叶子，太阳总要升起落下，他总会变老，如果强留，那他会如何呢，难道要他年过花甲时也拖着沉重的步伐来照顾你吗？

所以，我们只能在这些有限的日子里去珍惜，去爱，去关心，不要等到失去之后再后悔，再去怨恨。

他是我最爱的人，愿岁月莫伤害他，赐予他更多的美好，也希望他健康地变老，他是我亦是你们生命中不可缺的角色，也许他会中途离开，但请不要怪他，要知道他也把爱集于我们一身。

爸爸，我爱您！

批评也是一种滋养

王佳晨

一路上只开过寥寥无几的车辆，零星的行人在路上走着。雨肆意洋洒，发了疯似的不肯停歇，途中雨滴一颗一颗地滴落在我的衣服上，踏着泥泞好不容易才行到了家。到了家中，冲洗一番后便囫囵吞枣地扒着饭，突然我听到了这样的一组对话："妈，我去上学了。"这是楼下比我小的男孩儿的声音。"好的，你去吧。"这是他妈妈的声音。"嗯，那我走啦。""知道了，这种事情讲一遍就好了，路上小心……""哦，我走啦。"尔后，便是一阵轻快的脚步声。毕竟我是个易被逗笑的人，我一面笑着，一面还让妈妈给我揉揉肚子。妈妈突然开口了："你看看人家的孩子，走时也要交代这么多次，哪像我家女儿啊，走时关个门也轻得让我听不见，我去收衣服了，你吃完就去晚自习吧……"我再也笑不出来了，我望着妈妈渐渐被黑暗隐没的黑影。曾几何时，她的黑丝中夹杂着几许银发，那银白色在灯光下闪着令人胆寒的光；曾几何时，她的背也有些弯曲了，似一滴水也能将其压垮。我猛地顿悟：这是她对我的批评，我身为她的女儿却好像从未付出。我忘记了自己是以哪种形式吃完饭的，但我记得我分明朝屋里喊了句："妈，我去上学啦。"令我惊讶的是，她匆忙小跑出房间，手上还有堆未叠好的衣服，将散落的几丝发用手拢在耳后，对我笑着说："好，路上慢点儿……"我怔了怔，回了她一个微笑。微风带走了浮云，浮云带走了雨滴，雨居然停止了喧嚣。我独走在小道上，昏黄的灯光打在我的身上，很暖，很暖。何其幸运有个好妈妈，她能在半夜里给我掖好被子，能记住我随口一提的东西就买了捎回来，吃到好吃的就一定要给我品尝。她给女儿的爱是一种下意识的惦记。她用尽自己的力气去爱，用自己的本能去爱。她滋养了我，也教会了我许多。在这成长的道路上，她警诫着我，有她足矣。

053

书 香 味

林净芮

我是一个"小馋猫"，一看到那美味的零食就垂涎三尺，但有一样东西，比零食更诱人，那就是——书。我觉得书有一股奇特的香味，更让我欲罢不能。

记得小时候，我最爱听故事，老是吵着外婆给我讲故事，而且

听，那花

老是追问："后来呢？后来呢？"于是外婆给我买来带有图的故事书。我一边看精美的图片，一边仔细听外婆给我讲书里的故事。慢慢地，我认识了火眼金睛的美猴王，善良的美人鱼，还有爱臭美的美羊羊……就这样，书像一根细丝，无意间牵住了我的心。不，应该说书是蜜糖，那诱人的香甜粘住了我的心。

上了三年级，开始学写作文。也许是我从小就看过好多书的原因，我特别喜欢写作文。老师经常夸我写的作文美得像幅画，还特别有味道。我心里明白，那味道就是书的香味。于是我对书更加爱不释手了，完全沉浸在书香味里了。

六年级后，我对书就更痴迷了。记得前几天，我正津津有味地看书，妈妈突然有事情要出门，她叫我五分钟后把烧水的火关了，我点了点头。可我的心思早被书中那精彩动人的故事深深地抓住了，很快就把妈妈刚说的话忘得一干二净了。妈妈回来时看到那烧得已经冒烟的壶，生气地罚我一个月不许买零食吃！我吸了口冷气，心想：幸好刚才没事，瞧这书给害的。不过我已经吃饱啦，书的滋味可美了，可香了！不许吃零食就不吃呗！啦！啦！啦……

刘向说："书犹药也，善读之可以医愚。"而我觉得，书像蜜糖，像鲜花，散发着迷人的香味，不仅芬芳了我的童年，还有股神奇的魅力，诱使我忘记了烦恼，带着我飞进广阔的宇宙，带着我潜入神秘的海洋……

与书为友

陈晓彤

　　午后，一束温暖的阳光从窗户里照射进来，它似乎照亮了我的人生道路，轻轻合上一本《老人与海》，静静看着它的封面：惊涛骇浪的海面上有一艘孤零零的小船在摇晃着，好像随时都要沉入海底，船上有一位老人坐在小凳子上，望着波涛汹涌的海面，希望能钓上一条鱼，因为他已经连续84天没有钓到一条鱼。这位老人就是书中的主人公——桑提亚哥。

　　我盯着封面，深深地陷入了书的世界，回想着我刚刚和老人一起与一条大马林鱼进行了一场殊死搏斗，现在又忍不住翻开那一章再看一遍，再与大鱼搏斗一次。我翻到那一页，再继续一次这"别样的旅程"。

　　决斗开始了，精彩的时候来了，我学着老人的模样：手用力握紧鱼叉，眼睛紧紧盯朝这边游来的鱼，做出一副蓄势待发的样子，时刻准备着戳死这条大鱼。

　　没过多久，大鱼就在我们的船边了，我迫不及待地冲上去，使着全身力气戳着这条鱼，我对它毫不留情面。渐渐地，我没了力气，这鱼倒还挺精神的，也许对它来说这些攻击都是无效的，对它来说也是不痛不痒的。没过多久，我就失去了耐心和信心，彻底放弃了，坐在旁边休息。可我看到老人还在不停地尝试新的方法，还在不停地忙碌，我很羞愧：自己这么年轻力壮，却这么容易放弃，可老人年纪这么大了，看起来也很累，却仍然在坚持。想到这里，我心中顿时燃起了熊熊烈火，燃起了一股生命之火，我立即起身与这位老人再次并肩站在一起……

经过三天三夜的战斗，这条顽强的大马林鱼被我们彻彻底底地制服了，在这期间，我曾经想过放弃，但只要我想起老人说的那句话："一个人并不是生来要给打败的。你尽可以消灭他，可就是打不败他。"我就会坚持下去，直到成功。

与书为友，互相分享自己的趣事；与书相伴，和它一起领略人生真理；在书的海洋里尽情遨游，在书的世界里尽情玩耍，这，就是我最大的乐趣。

056

走过那一个拐角

欧靖铭

走过那一个拐角，尽头有外公和桂花。

老家是一座旧旧的小镇，到现在两旁仍是老式的窗户、铺子和在那儿不知用了多久的雨架。外公家就在这小巷尾，要走过许多个拐角。每到入秋，外公便要取出往年酿好的蜜，再酿来年。说是他爱花，不如说是更爱那偷吃蜜的我们。我喜欢在那个季节去那儿，只是年纪太小的我犹不记得那些拐角。有一次，手里攥着那篇写了外公而被表扬的作文想给外公看，又失了方向，蹲在路边哭了好久，直到被邻里牵回外公家。从此，这便成了我最惯用的伎俩。每次见到外公总是两眼通红。

那个黄昏，外公说他要教会我怎么走那条路。于是我们顺着小巷走，一二三四五六七，七个积着雨渍的石板，这儿是第一个拐角。外公说，阿嬷总会在藤椅上做着鞋，当她找不到针孔时要耐心帮忙，然后再往右拐。走一段，这儿是第二个拐角，左手边有一家栗子铺，外公告诉我，如果那个阿姨送我些栗子尝尝时，要记得道谢再往左拐。我拉着外公的大手，跳着地上的格子，认真地听着，不时看看他眼眸。不觉已经是最后一个拐角，这儿总有一群孩子玩耍，今天也是，我等着外公说话，一个小女孩儿却摔倒在地上哭，我跑过去，扶她起来。她望着我，待了一会儿，冲着我笑。我跳着几步回到外公身边。外公也笑了说："囡囡其实你面前只有一个拐角，走过去，就是外公家。"

后来我才明白这句话，外公教会了我长长的挑战如何去面对和生活原本最干净的样子。很久以后，我已识得路，但也总是数着格子行走，像往常一样，喝着桂花酿，追着外公用尺子量他的长寿眉，年复一年染上了灰。在院子里看着桂花树，喊："阿公，阿公，你看，花又开好了。"而那窗外桂花，今也亭亭。

如果有一天，你在巷口，看一个女孩儿时而微笑时而皱眉地面对每个拐角，嘘，请不要打扰她，她不是忘了路，而是去尽头找一位她最最牵挂的人。

听，那花

父亲的桂花糕

阮俊萍

始于成见，终于成长。

——题记

"爸，我要吃这个。"一对父女在巷口的桂花糕摊前停下。"囡囡，你刚刚已经吃过很多了。吃太多……""吃太多会变成没人要的猪八戒！哼！你就知道骗我，我不管，我就要吃啊啊啊。"女孩儿作势在地上闹了起来。父亲奈何不了，只好照办。女孩接过父亲手中的桂花糕后便一蹦一跳地朝巷口的拐角走去，父亲紧随其后。那一大一小的身影就这样渐渐地消失在巷口的尽头。那无理的小女孩儿便是五岁时的我。人的身体里住着许多小野兽，有野心，有虚荣心，还有攀比心。我亦如此。小时候的我和同龄的小孩儿一样喜欢玩偶、花裙、甜食。每次看见谁家的孩子买了一件新衣裳或一个新玩偶，我总会用不容拒绝的语气说"我也要"。小时候的我就是这般无理，以至于忽略了父母在听见"我也要"的时候脸上的尴尬和无奈。其实那时，我家并不富裕。父亲是替人盖房子的，母亲是做鞋子的。他们早出晚归，常常来不及吃饭，却从来没有亏待过我。但我却一点也不知足，甚至嫌弃父亲回来时满身水泥的狼藉和母亲满身线头的不整。仿佛对父母的一切都带有成见。只是人生总会有许多意外，握在手里的风筝，也会突然断了线。十岁那年。母亲告诉我父亲从工地一楼的铁架摔了下来。那天，是我头一次见到父亲躺在病床上的样子。眼前两颊深陷的人，使我有点陌生，这还是那个喜欢说"小case，看爸爸"的超级英雄吗？他什么时候这么瘦弱了？直到医生告诉我父亲只是手骨头有些错位，需要静养两个月的时候，我终于哭了，哭得鼻涕眼泪糊了一脸，最后转为了小声抽泣。这是十年来我最恐惧的一次，也是真正明白了父亲的苦楚。这么久了，超人也会累，可爸爸不是超人，但他依然笑着。父亲只休息了一个月，便吵着要回去打工。记不清母亲是怎么劝他的，只清楚地记得他说了一句"不挣钱怎么养你们！"一句现在想起来都暖得想哭的话。后来的后来，好多好多都变了。我的嘴上不再挂着"我也要"，也会为拖着疲惫回来的父母递上热水。十二岁这年。我和父亲又走过了那个巷口。依旧是熟悉的桂花糕摊，却没有那句"我也要"。父亲正准备上前买桂花糕，却被我制止了。他带着不解，我没有解释。一大一小的身影再次没入拐角。其实他可能不知道，当时我在心里跟他做了个小小的约定："我不变成猪八戒，你也不能不要我。"

听，那花

一路相伴的小红布

　　记忆中，每次出门前，妈妈总会把一块小红布别在我的衣领上。按旧时的说法，这块小红布能驱开恶鬼，保佑行路的小孩儿一路平安。妈妈认真地用金色小别针别好，轻轻地抚平，然后总不忘郑重地说："保管好这块小红布，别自己取下来。千万别弄脏了，更别丢了。"

梦里花香溢我心

陈忻妮

　　我爷爷已经六十三岁了。老人一般都清闲，平日里他就喜欢伺弄些花草果苗。

　　爷爷的花儿们历经几番周折。从原先的一朵花孤零零地摆在茶几上，到几盆花放在阳台上，经受风吹雨打，才到现在的几十种花五颜六色地开在一个大花园。

　　花园在老家，我有事没事就到园子去，隔着栅栏往里瞅。我最爱的要数梨花了。那大簇大簇的白花朵儿从一丛丛的绿意中溢出，屋子里奶奶每日熬的米粥滚锅时，锅盖被乳白的汁水一次一次顶开，香醇的米汤从缝隙中溢出，一团团黏稠的汁液散出的香气芳香了一个个早晨……

　　再次回到老家，是在一个心情糟透了的中午，阳光只带来了无边的倦意。物理考试的失利让我开始否定原先的梦想。爷爷扛着锄头，如往常一样让我去园子玩。出于不好意思拒绝他老人家，我只得抑住满心不快，走向久违的园子。

　　啊！多少年过去，园子变得更美了呀！爷爷娴熟地浇水、耘土、施肥，全然没了刚开始的战战兢兢，我惊讶极了。

　　"爷爷，你怎么变得和养花专业户一样了？"清风拂过耳畔，心中的不悦渐渐拭去。

"养花好啊！老人和花打交道，挺合适。我年轻时就爱建功立业，参了军，吃过不少苦，"爷爷"咔嚓"一下剪去小白花的枯枝，"我老了不能干什么，不过为国家美化环境也不错。"爷爷风趣地说，一边拨弄着一大簇牡丹。我笑了笑。

"养花真好玩儿。"我咬了咬嘴唇，看天。

"你可别这样啊！"爷爷停下浇水，慌忙说，"年轻人就要干大事业！为国家出大力气！我老了，才只能尽这些微薄之力喽！"

我觉得爷爷有些好笑。我只是随口说说，就把他急的！我毫不犹豫地冲爷爷说："我想当科学家，发明好多新的东西，把我的名字记在四大发明的后面！"咦，我怎么会这样不假思索地把将要泯灭的梦想说出口？

"好，有志气！努力学习！"爷爷咧开了嘴。

我的心境一下子明朗了起来……

一老一少就这么笑起来，和南瓜花开得一般灿烂。水蓝的天空下，花儿在摇曳着。这是我和爷爷的小秘密，我会把这个秘密珍藏在心，夜夜做这个溢满花香的梦……

有家真好

陈伊婷

"家是最小的国，国是千万家……"耳边响起这熟悉的旋律，思绪不禁被拉回到几个月以前。

那是今年的暑假，趁着小学刚毕业，和姐姐两个人决定出门玩一趟。拉着行李箱，过了安检，就听见广播中传出动听的女声："前往上海的同志请注意，请马上到候机室，检票即将开始。"慢慢地走上飞机，迅速将行李放在行李架上，扣上安全带，手撑在窗口，向外面望去，一望无际的飞机场，只有一些绿色的小草点缀着它。飞机开始慢慢地滑行了，一下子冲上蓝天，地面上的物体越来越小，突然觉得，家离我越来越远了！

下了飞机，到上海了，耳朵的不适慢慢减弱了，不过，望着这美丽的大都市，霓虹灯下千家万户的祥和，总觉得少了什么。又乘车前往宾馆，总觉得心里有些失落。夜上海总是那么繁华，东方明珠就那样闪耀着。

清晨，刚睁开眼睛就有一束光射了进来，鸟儿俯在枝头叫着，清脆悦耳。伸了伸懒腰，懒懒地靠在床头，打开电视，随意地换了换台，觉得无趣，便起身站了起来。坐了一会儿车才到达市中心，望着那一座座高楼，总觉得那不算什么，只有自己的家才是最让人佩服的。在各个景点走动着，有点儿腰酸背痛了，脚走起路来也打战。又想起了家，想起了家中的一切，包括那单调的白墙。

又回到宾馆，睡了，竟做了一个梦，梦到自己的家，妈妈口中念叨着什么，想听却怎么也听不见。天亮后又在平静中游览了一些地方，可是那种想家的情怀却越来越浓重了，于是游兴越来越阑珊了。

终于回到了家中，熟悉的味道扑鼻而来，那是家的味道，是爱的味道。

"我爱我的家，我爱……"嘴中不禁跟着吟唱了起来。家是温暖的港湾，亦是我们最安全的停靠站。

少年也识愁滋味

林琦婧

　　"小小少年，很少烦恼。无忧无虑乐陶陶……"小时候，对这首歌有一种特殊的偏爱，总觉得这首歌特别符合我的性格。然而，真正到了少年时代，才体会到少年的愁。

　　大人们总说"少年不识愁滋味"，唉！我觉得应该把这句话改为"少年也知愁滋味"。

　　我知道，每个少年都有各种各样的"愁"。那么，我的"愁"便是——

　　"啊——"房中传出一声"惊天动地"的尖叫，这是刚起床的我喊出的——起床后，在镜子前梳头的我发现了"重大意外"：我的额头上出现了一颗异样的"小水泡"。妈妈闻声赶来，仔细观察了这颗"水泡"，又见我满脸惊慌，情不自禁地哈哈大笑。我赶忙询问，妈妈却若无其事地说："这只不过是青春痘而已，是你们这些少年青春期的正常情况，不必太在意。"我可不依，使出"十八般武艺"——挤压揉搓……可是，那颗所谓的痘痘却一点也没有变小，而是又红又大，疼痛难忍。妈妈却在一旁幸灾乐祸地望着我。

　　从那以后，脸上的"痘痘"一天天地增多，我却一点儿办法都没有。一日又一日，时光飞逝，而我脸上的"痘痘"也在"飞长"，直到我的额头上布满了"痘痘"。按爸爸妈妈的话来说，我的额头简直

一路相伴的小红布

就是"月球表面"。

记得一天中午，我跨入教室。不知哪个同学怪声怪气地叫了一声："痘痘女王驾到！"顿时全班哄堂大笑，局促的我在笑声中逃回到座位。泪水再也憋不住了，夺眶而出。我在心中大声呐喊：长"痘痘"又不是我的错！

可恶的是，"痘痘女王"这个绰号在同学中迅速地蔓延开了。"痘痘女王，你脸上的痘痘可以吓跑外星人了！""痘痘女王，你怎么这么喜欢'痘'留，不想下'斑'啊！""……"无聊的男生总是拿我脸上的"痘痘"开玩笑。

我受不了这些恼人的戏谑，狠了狠心，到超市买了许多洗面奶和面膜，希望它们能帮助我赶走讨厌的"痘痘"。

但是，这些却都对"痘痘"起不到斩草除根的作用。直到如今，痘痘依然是我最大的烦恼。

066

望着角落里那堆小山似的洗面奶空瓶，摸着脸上那些烦人的"痘痘"，我的心中发出感叹："少年能有几多愁，恰似一江春水向东流。洗脸去痘痘更多，举杯消愁愁更愁！"

道不尽的少年愁啊！

他们怎么了

陈晓敏

处在这个敏感的年纪，一不小心，就会招来风雨满楼。

——题记

"你怎么了，最近怎么都这样无精打采的？"老妈把脸紧凑过来，一双闪着福尔摩斯般犀利的冷光的眼睛盯着我，想要从我的熊猫眼中看个究竟。我慌乱地避开她，赶紧埋下头来扒饭。老妈作罢，"早餐盘问"计划落空。

一路小跑来到学校，好不容易逮着铃声跑进教室，屁股还没坐热板凳，就觉得背后颈椎骨一阵发凉，转过头一瞧，只见后座小A目不转睛地盯着我看，我感到很不自然，问道："发现新大陆了？""没，没。"小A笑嘻嘻。我下意识地拿出镜子，没事啊，照样两只眼睛，一个鼻子一张嘴巴。这时小A冷不丁地趴在我耳边悄声嘀咕道："姐啊，你今天怎么啦？"我转敲了一下她的"木鱼脑袋"。"没事啊，我能有什么事？""是吗，坦白从宽，抗拒从严。你跟我说嘛，兴许我还能帮你参谋参谋呢。""无聊，小A你这个黄毛丫头，是不是没吃早饭，要不要姐姐请你吃一顿我秘制的'八宝拳头'啊？"我就势握起拳头在小A面前比画比画。小A见此就吐了吐舌头回到了座位上。

"喂，醒醒。"同桌用手肘不断对我进行"爱的示意"。我睁大了眼睛，可上眼皮不听使唤，老爱与下眼皮厮守在一起。突然有人在我桌上猛敲，我睁开眼睛，感到大事不妙，只见老班满脸怒容，气呼呼地丢下一句："下课来我办公室喝茶。"

下课铃响了，我伴着"哀乐"在同桌一片叹息中，垂头丧气地向办公室走去。刚走到门口，就听见里面传来一片熟悉的声音。仔细一听，却听见：

"班主任，你说这孩子最近怎么啦，做事总是心不在焉的！"

"我也觉得，这不刚才上课，她竟然还打瞌睡呢！"

"会不会是孩子谈恋爱了，昨晚连夜写情书了！"

"我看有可能，这年纪的孩子，谁也说不准。"

我听到这，实在按捺不住了，谁晓得他们还会说出个什么事来。

于是我快步走到老妈面前，鼓起勇气，掷地有声地说："老妈，班主任，你们想太多了，我没有谈恋爱，其实……其实我就是背着你看了几个晚上的韩剧，睡眠不足才这么没精神的。"我说完，倍感轻松，丢下发愣的老妈，头也不回地向外走去。

突然，背后传来老妈与老班的异口同声："这孩子准是失恋了！"我一听，差点儿晕过去。

我有我个性

陈 莉

我妈说："我女儿可以不漂亮不温柔不细心不可爱，但是绝对不可以不善哉善哉。"我爸说："我女儿可以不聪明不乖巧不勤勉不安静，但是绝对不可以不安好愉快。"那个谁说："其实，每个人都是一个苹果，某些人生来就有缺陷，那是因为上帝偏爱他的清香，多咬了一口。"嗯，这么说，我上辈子绝对是一只长得不咋样，不过味道不错的苹果，而且上帝他老人家好像咬了不止一口。

我妈说，我三岁时就已是江湖人称"摇篮里的恶魔撒旦"，怎一个"皮"字了得。左手一精致小弹弓，右手在兜兜里抓一小把七彩糖果当作"糖衣炮弹"，逮谁射谁。嘴巴嘟得鼓鼓的，含满了一大口白米粥，不愿意吞下去也就罢了，还努力迈动着小圆胳膊小短腿一溜小跑，玩得不亦乐乎，搞得我妈可怜兮兮地端着我的早餐"哼哧哼哧"跟在我屁股后面瞎跑，在后花园里玩起了藏猫猫。大半天过后，我妈一把摁住再也跑不动的我，正得意扬扬地准备喂一口稀饭，我又狡猾奸诈地趁我娘不留神儿，撒腿出逃，一边跑一边吐舌头扮鬼脸，扔下我娘无奈而哀怨地端着饭碗翻着白眼，遥望我远去的背影仰天长叹："小魔头！"

我爸说，我七岁那年顽劣指数飙到顶峰，惹是生非的功夫炉火纯青，夜夜成为他们可怕的梦魇，叫他们头疼到不行。一头乌黑碎发干净利落，短得倔强清爽，身穿无袖薄汗衫，四分小热裤，脚踩人字拖鞋，一身简单的"假小子"穿着，轻妄张狂。动不动就武力解决，二话不说就大干一架，美其名曰：此乃最原始最方便的办法。于是乎每每一脸伤痕，痛得要死要活，上过无数次难闻的药酒，贴过无数次卡通OK绷，听过无数次叽叽歪歪的"爱的教育"。值得庆幸的是，在邻家大人带着哭哭啼啼的小孩儿怒火万丈地来告"御状"后，我爸妈都没舍得对我"男女双打"。

不打架的时候我就跑去河里捞虾吃，上树摸鸟蛋玩，挖洞试试烤红薯，搞点儿恶作剧什么的。时常一身湿漉漉的还沾着黑泥黄土，裤脚被钩破扯坏，脸上蹭了脏兮兮的黑炭灰，头发乱蓬蓬的，然后一路雀跃欢喜地拎着几颗甜美的烤红薯要带回去给爸妈尝鲜。我爸一脸玩味地给我开门进来的时候，就特没良心地问了句："你这样儿咋就没让人抓到疯人院去呢？"说罢习惯性地起身闪开我的"旋风无影脚"，然后自以为潇洒地耍帅离开。我狠狠瞪着他的后脑勺，险些没给气死。什么人这是？落井下石！超级过分！

如今我已十五，性子渐敛，青涩淡褪，慢慢成长，再不要人为我操心。依旧不漂亮不温柔不细心不可爱，依旧不聪明不乖巧不勤勉不安静，但我爸妈怜惜我，珍爱我，纵容我，宽恕我。我容易心软，容易满足，容易快乐，忙里偷闲过完异彩纷呈的三百六十五天……

069

一路相伴的小红布

泥土芬芳

陈 桑

风和日丽的午后，静静地，掬一捧温暖的阳光，看它从指尖缓缓地滑过，眯起眼，天空泻下一抹清幽的蓝，抬眸我仿佛望到了童年……

在家乡泥路旁，总会传来一阵阵稚嫩无比又洋溢着欢乐的笑声。那个时候，没有修建水泥路，道路上都是泥土，一下雨，道路就会变得泥泞不堪。可这泥，却成了我们的玩具。几个小伙伴团团坐在一起，每人在道路上抓一把泥，开始造小人。造小人的时候，你一言我一语，雨后的阳光柔和地洒在道路上，漫上孩童的指尖，抚着孩童的脸颊，友谊的种子便在泥土味下发了芽。有时候哪个小朋友不小心摔到泥中了，大家便立马放下手中的小人，着急地扶起来，确定没事后，才哈哈大笑起来："小A，你看看你，快跟泥人差不多了！"那人看了下自己的服装也哈哈大笑起来，但随即便用那泥身去抱人，特别是谁笑得大声便抱谁。

造完泥人后，身上免不了都是土，这时，小伙伴你看看我，我看看你，手上，脚上，衣服上，脸蛋上，嘴角边……都有着泥土的痕迹，不禁都笑了。现在想想，那便是快乐的痕迹吧。

回到家，便又有一场好戏上演了：孩子在前乐呵呵地跑，母亲在后急忙地追着，嘴里还不断地喊着："回来！看我不打死你这小兔崽子！"这时，街坊邻居便都出来了，大家都笑了起来："打戏又上演了……"那小孩儿身上的泥也风干了，遇见眼熟的大人便躲在那人后面。大家见了，不禁起哄道："这小子机灵啊！"只见这对母子连转轴似的围着那人，一个前面跑，一个后面追，那母亲手中的树杈就好像鸟儿的一双翅膀在空中跳跃舞动，"看我不打死你……""哈哈哈哈……"道路旁传来了一阵阵其乐融融的笑声。

阳光透过树叶洒下斑驳的光影，微风吹过，光影在泥路上欢快地舞蹈。

忽略的感动

余 震

一次次翘首远望，一次次怅然失望。等得让人心焦，早已有点儿不耐烦了，校路已从人群拥挤到空荡荡的一片，我怎能不抱怨？时辰都过了晌午了，更有太阳毒辣辣地照着。爸爸说好要送饭来的，可我张望了半天，还是不见人影。嗨，我如何禁得住饿呢？

我徘徊在小路上，安慰自己，也许再等几分钟就来了。住宿学校的日子真不方便，送个饭也难。

这时，我远远地瞧见了一个急匆匆的身影。凭第六感，我一下子就判定是爸爸，他戴着顶帽子，拎着袋子匆匆赶来了。

我连忙跑过去，抓过袋子，赌气嗔怪着："爸，你看都几点了，人家饿坏了！"

"嘿，都怪我，来晚了。"爸爸笑着说道，陪我回宿舍。

我迫不及待地打开袋子，饭盒里正是我最爱吃的鲈鱼，我一时高兴得竟忘了这夏天的炎热。

赶紧回到宿舍，我顾不上许多，便开始享受我的盛宴。"我就知道你爱吃，慢点儿吃。"看着我急不可耐吃得起劲儿的样子，爸爸摘下帽子，笑呵呵地给我扇着风。

"我的书你带来了吗？"我记起了前天吩咐爸爸的事。"哎呀，糟糕，给忘了，走得太匆忙。"爸爸憨憨地说，"看我这记性，下次一定带来。"

"好吧！"我转头看了看爸爸，这才发现他红扑扑的额上正渗着汗，粘着几丝头发，那模样真逗！

"味道咋样？你妈中午刚做的。"见我吃得正欢，爸爸关切地探询。

"还不错，我可是饿了半天才吃到的。"我笑了笑，"不过，汤有些淡了。"我总是爱挑剔。

"哦，是吗？"爸爸想了想说，"下次不会了。"他看着我狼吞虎咽地吃完。

好一会儿，我吃完了，爸爸收拾了饭盒问我："吃得饱吗？下次给你多带点？"

"嗯！"我点点头，目送他下楼回家了。

回宿舍后不久，正准备午睡，竟发现床头放着一顶帽子。哦，是爸爸落下了。

我拿着帽子给家里打了电话："喂，妈，爸爸到家了吗？他的帽子忘拿了……"

"哦，他正吃饭呢！我饭煮得晚，一煮熟他就给你送去了，也顾不上填一下肚子……"

我愣在电话机旁，一时间心潮难平，眼眶有点涩涩的，不知该说什么。我这时才猛然惊醒，自己似乎一直忽略了什么，百感交集。

我紧握着帽子，竟发觉那是湿的。

那是父亲的汗水。

爸爸，爱你在心口难开

叶琳威

"我爱你"，这是多么简单的三个字，人们不用一秒钟就能说出口，但对我老爸，我犹豫了这么多年终究还是没能说出口。

十四年前，我呱呱坠地，来到这世上。十四年后的今天，我写下这篇文章，献给我的父亲。

打从我有记忆开始，即便是犯错，父亲也从没打过我，最多也只是说我两句。内容也只是读书做人教育之类的，没有其他。每次做错事情的时候，第一个操起棍子的人总是母亲。父亲在我心中总是一副斯斯文文、气定神闲的样子。如果我不是他的女儿，我会以为他是一位学者或领导干部。但我不习惯和他说笑话，他似乎不喜欢听这些。

大多数的孩子都喜欢母亲，所以关于母亲的话题也比较多。我很少跟父亲讲心里话或者是情感之类的表达。很小的时候根本不懂什么母亲节和父亲节，只知道有儿童节。是上了七年级，我才懂得这世上原来还有个父亲节。记得那一天，几个同学念叨着今天父亲节，热议着要给自己的爸爸打电话，我在旁边傻愣愣地听着，然后一脸茫然

地说道："哦，是吗？那你们要跟父亲说什么呢？"几个同学一脸惊讶地看着我，仿佛看到一个外星人一般。食堂里头公用电话旁，几个同学笑嘻嘻走了过来，问我给父亲打过电话没有，我不好意思地支吾着。从小到大，我没跟爸爸说上几句亲昵的话，即使跟妈妈讲几句亲昵的祝福话我也会好几天都觉得别别扭扭的，而今……

最终，我还是壮着胆子打了过去。拨电话号码的时候，我的心就像小鹿似的乱窜。电话通了，我刹那间头皮一麻，手有点抖。"喂，爸，是我。""琳威啊，什么事啊？钱还够用吗？"我脸都涨红了，结结巴巴地说："不是啊……今天是父亲节，爸……快乐……节日……"我突然意识到自己的语无伦次。"哦，谢谢……"爸爸似乎也有点不好意思，拉了几句家常之后，我就挂断了电话。我像完成了一项重大使命似的长舒了一口气。那是我有记忆以来第一次听父亲对我说"谢谢"。

我清楚地记得那件事让我不好意思了好几天。但说出来后，我感到很欣慰，因为爸爸很快乐。其实我真的很爱我的爸爸，而爸爸也很疼爱我。

亲情是世间最美好的，有了它，我们才会拥有温暖和感动。或许有时候爱在心头口难开，但那也足以让自己回味无穷，胜过千万句甜言蜜语。

读　你

陈雨晴

爸说，不急，慢慢来。

似乎，他也真的这么做了。

印象中的爸，就是个慢吞吞的人，几乎没见他着过急，发过火，他总是把自己安排得很从容。

"不急，慢慢来。"他说。

我想，我爸这种胸无大志的人，生在古代，他绝不会是那"不破楼兰终不还"的将军；也绝不可能是那一心忧国忧民，"吾将上下而求索"的大夫——他顶多就是个在山间种花养草的隐士，守着一亩三分地自己乐呵的小农罢了。

别人的爸在升官发财，在买房买车，在"上下而求索"，而我爸呢，在种花养草，在遛狗，在喂鱼。他总是笑眯眯地说着那句口头禅："慢慢来，慢慢来。"面对这样的他，有时真有一种"恨爸不成钢"的无力感。

爸是极爱花的，家门前的一小块地，被他打理得桃红柳绿，莺歌燕舞。

闲时，爸就坐在草坪上，修剪他的花。

芍药，玫瑰，茉莉，菊花，月季，花时不同的花缤纷了四季，缤纷了生活。爸不养太娇贵的花，他说，以他的性子，娇贵的花决养不好的。

爸，在哪呢？

在花园里。周六上午，别家的孩子十点放学，他家的丫头不争气，被留到十二点半才出校门。他在车上等着等着，似乎睡着了。做官的周末何处去？酒楼，歌厅，上司的麻将桌……可他在女儿的校门口睡着了，车子在喧嚣的车流人流中蒙上了一层灰土。见到我，他笑了一笑，说："丫头，好了？请上车。"他真是不懂得着急的人哪！回家后，我一头扑在饭菜上，就像高尔基扑在书上一样。而爸呢，又入花丛中。

树叶把阳光折成了一个怪异的角度，照在他身上，半明半暗。他就坐在小板凳上，侍弄一株菊。菊花是半开的，金色的花在明净的阳光下舒展。看着那清澄的黄，我似乎听到了一串银铃般的笑声，来自花心深处，那最纯粹的美好、安适而惬意。

"丫头，你听，这花开的声音。"爸说，"一朵花的开放，需要经过漫长的等待，最后绽出的，才是震撼人心的美。"我似乎听懂了，重重地点了点头。

"别急，慢慢来。"爸慢悠悠地说。

"嗯！"我又重重地点了点头。

其实，有这样的爸，是求都求不来的！

宠辱不惊，闲看庭前花开花落；

去留无意，漫随天外云卷云舒。

脚步声声

蔡 昱

人生有很多深沉的爱，藏在彼此的掩饰之中。

——题记

　　"笃、笃、笃"外面的楼道里又响起了爸爸的脚步声。"是爸爸回来了！"儿时的我一听到这声音总会雀跃地跑到门后，等着爸爸将钥匙插进锁孔，我再恶作剧地从里面迅速地把门打开，将一张笑脸绽放在爸爸面前。

　　"你呀，淘气鬼！"爸爸总是无奈地笑了笑，轻轻捏了捏我的脸，将我抱进屋里。这是我孩童时期怎么也玩不厌的游戏。明明只有几步路，而我总是要爸爸抱。因为我喜欢听爸爸的脚步声，也喜欢他那温暖的怀抱。每次我感到害怕，总要他抱一抱，才觉得心安踏实。

　　那种脚步声似乎是爸爸特有的。不管楼道里有多少别人的脚步声，孩童的我总能准确地辨认出爸爸的脚步声来。这难道就是父与女之间特有的心灵感应吗？

　　小时候，妈妈常年在外工作，我几乎是爸爸一手带大的。那时胆子小，晚上不敢一个人睡，却又羞于说出口，只得半夜在床上辗转反侧。每每这时，客厅里总会响起轻微的"笃－笃－笃"，是爸爸放轻了的脚步声。"怎么了？不敢一个人睡？"爸爸坐在我的床头，轻轻摸摸我的头。"嗯。""那爸爸在这儿陪你，等你睡着了，爸再走，好吗？""嗯。"我闭上眼睛装睡，想静静等待爸爸走开时，再听听他的脚步声。可往往是自己睡着了，门掩上了，却总也听不到爸爸那熟悉的脚步声。

难道是爸爸会轻功吗？孩童时的我总是如此天真地猜想。到现在，才终于明了，其实每一个父亲在孩子睡着之后，都是会轻功的"大侠"。

去年暑假，我们一家子上街买衣服。我、弟弟和妈妈三个人并排走着，占了很多的空间。我本是走在最左边的，爸爸默默地走在后面。突然，他一个箭步走到我的左边，把我往右边推了一下。"马路中间车辆多，你们往旁边去。"声音不大，还有点慌张，被一辆疾驰而过的车辆轰鸣声盖了下去。我听到爸爸微喘的呼吸，还有那不再有力的脚步声。

爸爸的脚步声不再如往昔般沉稳了，他有点老了，这是他与时间老人做的交换吗？为了换取我和弟弟的健康成长？

今年的中秋节，爸爸在外地工作。没有了爸爸的脚步声，家里有一种空荡荡的感觉。以前的中秋都是一家人在一起赏月的，可是那天却怎么也找不到那轮本该皎洁的月亮。是月亮也去和她的家人团聚了吗？爸爸应该会回来的！

几次听到楼道里有脚步声，急忙跑去开门，却发现总是错误，只得讪讪地笑了笑，再怅然地把门关上。爸爸那么熟悉的脚步声，而今我却一再听错了，是我的耳朵不如儿时灵敏了吗？还是……

人家说，被人想起时，耳朵会痒的。爸爸，你想我了，是吗？我的耳朵痒了，那么，你呢？

爸爸，我俩打个赌：下回你回来时，我一定不会听错你的脚步声的。

回　眸

林慧容

　　"走到巷子口时，记得回头看一眼……"坐在讲台前的王老师还在念着那篇名为《回眸》的散文，而我早已被那一句"记得回头看一眼"生生地扯进了记忆的旋涡，在时间看似温柔的海啸里不断沉沦……

　　顺着这片天空望过去，一直将目光延伸到很久很久之前的某一天，那时的天空那么清澈，像是碧蓝的湖水在我的头顶温柔流淌。那天，我像往常一般背着书包去上学。出了楼梯口，我走了二十步，耳边竟没有响起母亲一贯的嘱咐声。那曾被我视为桎梏的嘱咐在这一刻竟让我莫名地想念，我有些茫然地愣在原地，久久不知该干些什么。"妈，我走了！"我转过身子，望向站在阳台上的母亲，微笑着向她挥了挥手。母亲有些许错愕，然后她也扬起嘴角向我微笑。回过身子，我缓缓地向前走着，那些透明的液体就静静地爬满了脸……

　　那样一个简单的告别姿势我做起来却那么生疏，那样一句平凡的话语竟让母亲陷入了错愕。我想我这一辈子也忘不了那个时候母亲的样子，她的表情陷落在晨曦的薄雾中，浮现出淡淡的惊喜，那么美好的样子，也那么轻易地让我伤了心……

　　过了几天，母亲要去莆田出差，我趴在阳台上，看她拖着行李箱走出楼梯口。"一步、两步、三步……十五步。"我看着母亲的背影，数着她的步伐，想着她会不会在第二十步时停下来向我招手。果然，她停住了脚步回过身子望向我。面对这我早已料想到的一幕，我还是忍不住地红了眼眶。母亲的背影再也不似以往那般挺拔了，时光无情地在她的额角刻上了年华逝去的记号。她笑着向我挥手，那一瞬间，我的心就如同云层被阳光攻陷那般，透出丝绒般瑰丽无比的光线。我知道，那七彩的光线有个动人的名字，叫作爱。头顶的天空蓝得发白，像是浸了太多水的水彩画，一片模糊地纠结着……

"哎，想什么呢？"同桌的低唤声把我从回忆的旋涡中拉了出来。"没想什么，我只是在发呆而已。"我笑着摇了摇头，答道。

那两次回眸让我深刻地意识到我对母亲付出的爱是那么虚空，而母亲对我付出的爱又是那么厚重。母亲，我会永远记住，记住您一直在我的身后默默地注视着我的目光……

080

我拿什么奉献给你，我的妈妈

傅　瑜

"妈，我回来了！"

我把书包随手一扔，浑身虚脱似的，整个人有气无力地瘫倒在沙发上。

"晚上书不要看得太晚，看看你的黑眼圈，多叫人心疼呢！"妈妈给我端过来一杯热牛奶，坐在了我的身旁。"女儿，我算了一下，你们教室在五楼，我们家住在六楼，你每天上放学来回三趟，就得爬六十六层楼呢，多累呀！”

听着这番话，暖意瞬间传遍全身。妈妈没有受过什么教育，却默默地在为我做算术题。我想，六十六这个数字虽然不大，这道题却是只有用母爱才能算出来的。

还有一次，我正在观看央视的“面对面”访谈节目，那期的嘉宾是赫赫有名的“打工皇帝”唐骏。妈妈刚刚忙完家务，解下了围裙坐在我身旁。

“孩子，在看什么呢？”妈妈问道。

我丝毫没有掩饰内心对唐骏的崇拜之情，用最通俗的、任何人听了都会心动的语言对妈妈说：“妈，说出来你可能不敢相信，这个人每天的工资有五十万元哪！”

我心里已经浮现出妈妈惊讶得张大嘴巴、瞪大眼睛的神情了，可出乎意料的是，妈妈只是轻声说了句：“哦。”这个天文数字似乎对妈妈一点吸引力也没有。于是我对妈妈说：“妈，我一定好好学习，将来找份好工作，挣很多很多钱给你花。”

这要是换成别人的父母，怕八成要被感动得落泪了。可妈妈仍只是淡淡地说：“妈有保险，才不要你养哩！妈只要女儿永远健康平安就好，挣那么多钱干什么用呢？”妈妈一脸严肃地说着，只是，我分明看到妈妈的眼里有晶亮的东西在闪烁。

这下我可真的迷茫了。妈妈到底想要什么呢？我不停地问，不停地找，不停地想。

那天，妈妈去给我“算命”，回来时脸色不大好看。我估计是算命先生说我有什么凶兆，便去问个究竟。妈妈满脸写着无奈，忧伤地说：“没什么凶兆，只是那算命先生说你以后会嫁得很远。”我一听，差点儿笑出声来。这时，我才发现妈妈也像个依赖性很强的孩子，很需要我永远陪在她身边。

雨季奉献给大地，岁月奉献给季节。当两鬓添上了白霜，当岁月的刻刀无情地划过您的脸颊，我的妈妈，我拿什么奉献给您？

妈妈，曾经我是小草，您是甘霖，您用无私的母爱滋润着我茁壮成长。

妈妈，将来您是红莲，我是荷叶，我终将为您撑起一片蓝天。

一路相伴的小红布

戴哲瑜

记忆中，每次出门前，妈妈总会把一块小红布别在我的衣领上。按旧时的说法，这块小红布能驱开恶鬼，保佑行路的小孩儿一路平安。妈妈认真地用金色小别针别好，轻轻地抚平，然后总不忘郑重地说："保管好这块小红布，别自己取下来。千万别弄脏了，更别丢了。"

在那时才三四岁的我看来，妈妈便是神；神说要保管好的东西，我岂敢有半点儿马虎？所以我仔细地保护好这块小红布，不敢有任何闪失，唯恐触犯了神灵；那耀眼的红色也常常给我一丝心头的安抚，让我放心地向前迈步。那小红布，也一路陪伴着我，看我成长。

有一天，我撞见了一个叫"赛先生"的玩意儿，并为其神奇之处而着迷；接着又认清了与"赛先生"作对的封建迷信，明白了那是陈腐、愚昧的象征，是阻碍人类进步、必须消除的祸根。当妈妈再次给我别上那块小红布时，一种厌恶感油然而生，仿佛自己被冠上了"封建迷信"的恶名。"那只是块小小的红布"，我想，"一块有点儿褪色、土得掉渣的小红布罢了，我为何要如此珍视它呢？"所以我常常在路上把这块小红布取下：哼，没有你，我照样能走路；别着你，我还怕被人笑话哩！必然的，有一天，我把这小红布给丢了。

妈妈那个急呀，仿佛热锅上的蚂蚁。她翻箱倒柜地找着，口中不住地责备我，时不时再询问我。

"你这孩子，真是的，怎叫人放得了心呢……确定没落在学校？"

"没有。"

"真的？"

"真的！"我坚定地点了点头。

"那……有没有丢在路上了？"

"没有。"我是确定把它别回家了。

妈妈又冲向一边的柜子，打开抽屉，将东西全倒在地上，双手胡乱地推开，失望地看了两下。再一件一件拿起来，仔细地确认，口中还不住地喃喃："你这孩子……"

终于，妈妈在床头柜后的缝隙里找到了小红布。

"千千万万别……"妈妈又严肃地叮咛了一遍。

看着妈妈通红的脸，大口大口地喘气，眼中还有尚未严肃的惶急，我诧异了：妈妈也是个知识分子，为何如此？

别着便别着吧！也省得叫妈妈担心。我即便有千万个不情愿，也得别着这小红布，又走了几年的路。

一天早上，妈妈突然对我说："你长大了，不是小孩儿了，该把这小红布取下了。"说罢，取下小红布，放进柜子里，上了锁。转过身来，靠在柜子上，看了看我，平静地说："你，上学去吧！"

我别提有多高兴啦，拎起书包，小跑着出了门，仿佛是挣脱了铁笼的小鸟，想着要如何去翱翔天宇。

过了一会儿，我便觉得有点儿不自在——领口空荡荡的，只有一

一路相伴的小红布

片煞白，让你心中空落落的。看看四周，两边的楼房、树木，马路上的车辆，都仿佛成了妖魔鬼怪，个个张牙舞爪，令我胆战心惊。我不敢多想，跑向了学校。

正欲转身进入校门时，一瞥眼，望见一个熟悉的身影——一个中年妇女，梳着辫子，脸上刻着育子的辛劳，正急匆匆在我后头小跑——妈妈！

我站住了。

妈妈也站住了，搓着长着老茧的手，笑了笑，说："没有……我去县政府办点儿事，正好路过。"

我知道，那是个谎言。因为我不再是小孩儿了，我也读得懂关切而放不下心的眼神。我也笑了笑，心中暖暖的。我明白，那块红布，其实一直别在我心上，给我勇气和力量。它也将一路陪伴着我，一直走下去。

没有什么好担忧的了。我迈开大步，向前走去。

084

不曾走远的爱

林圣佑

昂首阔步，一路走来，风雨无阻，脚下的道路布满花香，蓦然回首，才发现，她一直在你身边，呵护着你，不曾走远。

——题记

蹒跚学步时，母爱是一次次充满爱意怜惜的搀扶，扶持着幼小的你，迈出人生的第一步；童年时，母爱是一声声饱含舐犊情深的呼唤，叫唤着贪玩的你，回到她温暖的怀抱；上学了，母爱是一句句蕴含关心期望的叮嘱，庇护着淘气的你，在学校里健康成长；长大后，母爱是一封封承载着思念的信件，伴随着漂泊的你，无忧地在异地他乡生活……

母亲的爱，无时无刻不在呵护着你，这种爱，已经渗入了你的皮肤，淌进你火热的血液，深入你的骨髓，深深地烙在你的心中。细数记忆中爱的珍珠，如星光般闪烁着，如一张张色彩斑斓的画片，轻轻地映入眼帘，十几个春秋的风雨无法黯淡她的光辉，一切都如此历历在目……

1

"妈妈，我上学去了。"画面中的小男孩儿稚气未脱，朝他母亲挥了挥手，母亲慈爱地抚摸着他的头，俯身在他耳边，轻轻地说道："孩子，在学校要听从老师的教诲，长大后做一个对社会有贡献的人才，别辜负了妈妈的期望。"小男孩儿似懂非懂地点了点头，带着几分顽皮，俨然一副任重道远的模样："是，一定实现您的梦想！"那滑稽的样子把母亲逗乐了，望着小男孩儿蹦蹦跳跳的身影，她大声叫唤道："孩子，上学路上注意过马路！"远远地，也传来了小男孩儿的回答……

2

仍然是这个小男孩儿，不过他长高了，脸庞也变得棱角分明，他的母亲——原来那个年轻的妇女，如今，已有几缕银丝爬上了她的两鬓。她正站在男孩儿的身边，静静地注视着他写作业，手中端着一杯牛奶，男孩儿似乎并未发觉母亲站在他身边，仍是专心致志地写着，母亲抬头看了看墙壁上的钟，似乎怕惊扰了男孩儿，悄声道："孩子，已经很晚了，喝了这杯牛奶，早些休息吧。"男孩儿转过身，狡黠地对母亲笑了笑，一饮而尽，幸福地打了个饱嗝，母亲同样报以微笑，缓缓地走了出去，但仍是不禁地回转头，怜爱地看了男孩儿几眼，此刻，她的心中也正在默默地祝福着她的孩子早日成才。

3

充满硝烟味，弥漫着战火的房间——里面有我，还有我的母亲。青春的隔膜，冲动的恶魔在我与她之间挖出一道深深的壕沟。我大声冲母亲——那个额头上已有少许皱纹，头上银丝骤增的那个曾经呵护了我十几年，给予我十几年爱的妇女叫骂道："整天只会唠叨，烦不烦啊？天气变冷我难道不会自己穿衣服吗？"言罢，一下把母亲"强制"给我套上的毛衣扯了下来，心头的火气越烧越旺，似乎仍不解气似的："你就不会给我一个安静的学习环境吗？成天唠叨些往事，太无聊了吧？"那一刻，我仿佛看见母亲眼中闪着的泪光，好似一泼冷水，顿觉悔恨……

细数记忆中的一切，温馨、悔恨、感动……五味杂陈，永难磨灭。我正在逐渐走向风华正茂的年龄，母亲却在慢慢衰老，岁月之车带走了她的青春，车辙在她的额头上留下了印记，却无法带走她给予我的爱。母爱，她幻化成一把大伞，为我遮风挡雨；又幻化成一盏明灯，为我照亮人生之路；同时，她也幻化成芬芳扑鼻的花丛，点缀着我们的人生之路，让和煦的春光永驻。直到最后，她仍会在我们心田中播撒下灿烂的爱的花种，永远陪伴在我们身边。

在快乐中成长

张珺涵

童年是多彩的，也是快乐的。我就是在快乐中长大的。

听妈妈讲，在我牙牙学语的时候，她就拿出卡片，认真地教我认图、识字。开始我只是好奇地看五彩缤纷的图案，慢慢地，我开始知道图案表示的是什么，并学着发音认字了，大家都夸我聪明。上了幼儿园，我认识的字更多了，很乐意看一些幼儿书籍；走在大街上，喜欢认读广告牌上的字，炫耀自己。一年级的时候，妈妈给我买了一本《绿野仙踪》。我利用课余时间，两天就把书看完了。妈妈惊讶极了，直夸我。我倍受鼓舞，从此一发不可收拾，更爱看书了，经常被故事里的情节逗笑或感动得流泪。读书，让我明白了不少道理，学到了很多知识，获得了许多快乐。

在成长过程中，我学会了克服困难。小时候，在经历了几次拔牙的痛苦之后，我变得害怕拔牙了。终于，在又一次拔牙的时候，我大哭大闹，不肯配合。在爸爸、妈妈的鼓励下，我鼓足勇气张开嘴巴，只听"咔嚓"一声，一颗牙齿顺利地被拔下来。虽然很痛，但我终于战胜了恐惧，感受到了克服困难的快乐。

上三年级了，我开始学骑自行车。起先是爸爸扶着车后座，我坐在上面踩着脚踏板，车子歪歪扭扭前进了。爸爸见了，轻轻地告诉我骑车秘诀：身体放松、把握方向、目视前方……我按照爸爸讲的练

一路相伴的小红布

骑，果然，不一会儿就骑得稳了。慢慢地，爸爸只要用一只手扶着车后座了……当我知道爸爸偷偷放手时，我就像吃了兴奋剂一样，高兴极了。不知什么时候，爸爸悄悄坐在了我的车后垫上，我竟然也骑得稳稳当当——我可以载爸爸了！我骑得更快更欢更有劲了，感受到了前所未有的快乐。

我在快乐中成长，也在成长中感受着快乐。

闭着眼睛画画

李晟业

上课了，老师走进教室，微笑着说："你们一定喜欢画画吧？""喜欢！"全班异口同声地说。"那么，你们有没有试过闭着眼画画？我们今天就来玩一个闭着眼画画的游戏。"老师说。话音刚落，我们情不自禁地"啊"了一声，我想：闭着眼睛画画？这不是盲人摸象——没谱吗？

游戏开始了，老师叫了林吴越上台画。林吴越把双手背在身后，神气活现地描述自己要画的东西。说完，老师拿出一条黑布蒙住了林吴越的双眼。林吴越在黑板上约莫了一会儿，估计了自己要画的东西的准确位置，就随意下了笔。他胸有成竹，大笔一挥，完成了。我们下面的同学笑得岔了气，林吴越也迫不及待地解开黑布一看，脸都羞红了：太阳缺了个角，还是椭圆形的，云朵像天狗的脚印，本来是"天狗食月"，可今天变成了"天狗食日"！还有一片云朵比太阳还大！草地上，放风筝的同学身首分了家，风筝线也断了。林吴越羞得直搓自己的衣角。

老师为了让我们每个人都来体验一下这种感觉，给我们每个人一张纸。我构思出了一个运动会的场面。我拿起了笔，开始"创作"。裁判呢？一定在这里。我大笔一挥。旁边传来同桌的笑声。我觉得自己画错了，又战战兢兢下了笔。过了许久，我的"大作"完成了。我睁开了眼睛，一看，笑死了：一个人骑在了另一个人的头上，下面的那个人飞奔，大树竟和人一样高，裁判的发令枪射出烟雾，却掉在地上。太阳一边有光，云朵像肉包子，小鸟的嘴长到了腮边……好离谱的画呀！

笑过之后，我陷入了沉思。闭着眼睛画画只不过是一个游戏，却让我想到了眼睛多么重要，没有眼睛什么事也不容易做好，大家可要好好珍惜啊！盲人一辈子生活在黑暗中，多么痛苦啊！我们可一定不要嘲笑他们。

月光也是那样美丽，从窗帘露出的空隙中射进来，轻拂着我的脸庞。

089

我 爱 围 棋

曾 晨

我十分喜欢围棋，它是我的最爱！

在我八岁那年暑假，妈妈决定让我学围棋，说围棋是一项很好的

一路相伴的小红布

游戏，既益智又陶冶情操，还特别有助于培养孩子坚韧不拔的毅力，提高孩子的专注能力、计算能力和逻辑推理能力，真可谓一举多得。没想到，我对围棋情有独钟，一接触围棋便深陷其中，从此便如饥似渴地努力学棋。每次学完棋一回家，总要拿出棋盘和棋子，自己一个人边下边念念有词。如果爷爷在家，我就会缠着他陪我对弈。虽然我的水平很一般，但爷爷总会让我赢。无形中增添我的信心。

随着我的棋艺不断提高，爷爷很快便真正成为我的"手下败将"了。我在家中找不到对手，让我很是自豪。于是，我参加了市少年宫举办的少儿围棋大赛，现场高手如云。我轻松的连胜两场，到第三场时，对手实力很强，一开始，你下你的，我下我的，"两国"井水不犯河水。可地盘抢着抢着，抢到了一起，这下，"两国之战"爆发了。他下起了包围法，张开一张张血盆大口，恶狠狠地向我扑来，准备吞并我的领地。我也不甘示弱，建起一排"铜墙铁壁"，保卫自己的领地，又偷偷布下了一个陷阱，他看见了那个缺口，不知是计，马上带领"子民"乘虚而入。哈哈，正合我意，我将洞口一封，把他的后援切断，十几个棋子便成了我的囊中之物。我们就这样你争我夺，最后，我以三目棋子险胜对方。这次比赛我获得六级级位证书，这使我有决心学得更好。

现在，围棋对我来说，已成了我茶余饭后的娱乐活动，每天一放学，我就会找围棋下得不错的爸爸或表姐切磋切磋。如果他们不在，我就自己上网，与看不见的对手PK一番。

围棋既能使我的成绩飞速提升，又能调整我的心态。当疲劳时，下盘棋，疲劳便会烟消云散；当忧愁时，下盘棋，心情就会快乐无比，怪不得古人用弈棋来修身养性。

我喜欢围棋，围棋将永远陪伴着我。

我站在瓜架下，望着累累的果实，感到十分快乐，这份快乐十分实在。

种植一片稻香

　　世界缤纷多彩，社会纷繁复杂。我们心灵的田野难免会掉落一些"小鸟""蜂蝶"带来的杂草种子，一不留神，杂草就肆虐疯长，我们的心灵就会一片荒芜，就会失去伊甸园般的圣洁美丽。

成长的咖啡，细细品尝

方承志

黄昏过后的夜静悄悄的，似乎在等待虫儿们的演奏会。而我，却独坐窗前，任由思绪随着清凉的空气飘泊。

突然，一串串欢快的音乐把我的思绪携回。

原来今天邻居家新婚，而现在估计是闹洞房了。

闹洞房，这对新人来说是难熬的，他们要通过大家的重重考验，若通不过就必须给小孩儿发糖、给大人发香烟……

看着那些争先恐后要糖的小孩儿，我似乎看到了小时候的自己，他们像夏日里的知了毫无顾忌地叫着、笑着；而今天，我却只能站在大人堆里，保持着缄默。

也许这就是成长吧！时光挡住了童年的光芒，也挡住了童年的笑脸。

当我戴着一副厚厚的眼镜在自家门口兜兜转转时，长辈们夸奖的话犹如笛声从耳边飘过，"都长这么高了"，"初中生了，读书人呐"……而曾几何时，我还是一个每天放学在路边游玩，跟着黄昏伴着夕阳回家的顽童。

长大了，时光帮我脱去了厚厚的夹袄，郑重地穿上了燕尾服。

于是，无论你是否一直唱着《不想长大》，责任却在随着长大飘然而至。曾经那个可以大大咧咧地伸手向长辈们讨红包的小屁孩不知不觉地消失了，新年的压岁钱越来越羞涩。这时，一个想法飘过心头：不知何时自己会开始给长辈们压岁钱？

无形的成长总是令人猜不透，只有当你静静地坐下、慢慢地思考时，才会深知其味。

记得儿时是每天一回家就拿出作业做，不肯先吃饭，而现在连书都不想带到学校去上课；儿时在学校总想如何得到老师更多的表扬，而现在却在想如何找借口搪塞老师为什么昨天没做作业；儿时是一个听父母话的小乖乖，而现在却对父母大呼小叫……

记得孔丘说"知之为知之，不知为不知"，而成长中的我却发现其实谎言可以遮住一切。鲁迅说，其实地上本没有路，走的人多了也便成了路。"成长中的孩子是不会想怎么走才有路，而是想怎么才可以直接飞过去。我知道在现实主义中成长的孩子是不会有幻想症的，但我觉得他们有狂想症。

褪去幼稚的童音，说着网络最新的流行语言，恍然发现，哥写的不是作文，是寂寞。

行走于成长的路上，蜿蜒逶迤，但再漫长的路，蜗牛也在爬……

爸爸，我想对您说

林　钧

人们常说，一个人只要去尝试做一件事，总有一天会成功的。但是，爸爸您却……

　　一个炎热的下午，我和小伙伴比赛滑板，正玩在劲头上，忽然，一块木板把我挡住了，我绊了个跟头，从滑板上跌落下来。我立刻爬起来，正要再一次向前冲的时候，您就气呼呼地过来了，把滑板带起来拉着我就走。小伙伴的脸上似乎都是问号。您眼中喷射出熊熊火光，声音如同导弹狂轰滥炸，音量比平时高了几十分贝："已经跟你说过了，要小心，要小心！不要摔倒。你不是说你滑板的技术很厉害吗！为什么还会摔了呢？走！跟我回家擦点药，下次没有我的允许不准出来骑滑板，不然我就给你来盘竹笋炒肉丝。"您这些话，虽然很伤人，我还是能理解的，可您的想法是不对的啊！

　　您一定认为只要有一丁点危险性的事我都不该做。正是因为您有这样的想法，才会说这些话。您的一片关心是强迫的关心。您是关爱我，我知道。但是您的这种爱是溺爱！我们学过一篇课文《乌塔》，一个才十四岁的小女孩儿就可以独自一人游历欧洲，而且钱是自己挣的。其实我也可以管好自己，学会独立，学会生存，不需要你们的溺爱呀。我是男子汉，更要去尝试，去冒险。

　　爸爸，我想对您说：花盆里长不出苍松，鸟笼里飞不出雄鹰。在成长的机场上，没有任何人能代替我们起飞，能飞的只有我们自己。请让我们自己学会展翅高飞，让我们飞翔在自己的蓝天下。

就从现在开始

林紫薇

漫步过一家小店，里面满满都是我曾想要的好东西。

我想要一个精致小巧的烟斗，准备送给爷爷，这样爷爷便可以在院子里摇着老竹椅吐着烟圈给我讲一个个故事了。现在买吗？不，还是等等吧，等到爷爷生日时再给他一个惊喜。

我想买那个金丝嵌边的老花镜，有了它，奶奶便可以在夕阳中帮我缝制布玩偶，有了它，奶奶就不会再埋怨原来的大针孔莫名地变小了吧？算了，还是等下次再买吧，近来真的有点忙。

我想要买那个发夹，嗯，好炫的水晶发夹啊！妈妈带上它，一定会更美丽，一定会更有艺术气质！

我想要那一个信封，多漂亮的信封啊！用它写信给我的朋友，她一定会很开心的！美丽清新的图案和着淡淡的墨香，一定可以给她非常愉快的一天。嗯，等下次吧，最近课业太繁重，也没时间写信。

我想要买一包花籽，楼顶上那一箱腐殖土是该用娇艳的花儿点缀了。明年的春天，楼顶定将开满了花，白的、红的、黄的……花香弥漫整个家，若有蜂飞蝶舞场景岂不更妙！爸爸那么爱花，一定会喜欢得直夸我吧？可是，土还没松开，算了，下次吧，下次一定抽空实施这项"美丽家园工程"。

可是，今天，当我兴冲冲带着那个水晶发夹要送给正在浇花的母亲时，母亲的神情由惊喜又转为黯淡，她定定凝望着我手中的水晶发夹，幽幽地说："这发夹真美，前几年我戴会很好看，现在不适合我了。"是啊，妈妈真的已不再年轻了。"砰"，水晶发夹一不小心逃离了我的手，片片碎片，在阳光下发出刺眼的光。这些碎片似乎也顺着时光的掌纹给了我一次刺痛和唤醒。

忽然想起那个小店的店名"时光屋"的深意，真的让人有恍然如梦的感觉啊！那个烟斗，要送给爷爷的，但爷爷最终还是没有撑过那个冬天，再等等就是你的生日了啊！为什么那么着急地离去？老花眼镜，也未去买，望着屋子里正颤抖着双手拾掇衣物的奶奶，想到奶奶那颤抖的双手又如何能笑呵呵地将细线穿过针孔？信封，为什么我总是不知道你的新地址，朋友，给你的信何时能送达你的手上？花籽呢？房屋在一次次装修中变得更漂亮了，那箱腐殖土现在是否还在屋顶做着一个关于花的美梦？

这便是时光么？时光之流也有幸福的漏洞吗？泪水顺着脸颊滴落在小花上。"你为什么不开花？"我问花儿。"我在等，等那个赏花人。"笨蛋的花儿呀！别因为等待而错过花期，等很可能是空！我一直在等，而未及时行动，等到的只是遗憾。那就从现在开始吧！泰戈尔说："如果错过太阳时，你流泪了，那么你也将错过星星了。"

对，就从现在开始，抓住当下永远不会超时！我现在就去买来花籽，明年我家屋顶的花盆上定会盛开张张笑脸！我现在就去为奶奶买来那双绣花的棉鞋，让她从脚暖到心，就去为妈妈买个素色发夹，让妈妈在镜子前每天多"臭美"一阵子。

对，就从现在开始！我不想让我的时光屋再装满遗憾了！

种植一片稻香

陈晓宁

我们的心灵正如一片田野。铲除杂草，因为我们拒绝荒芜；种上庄稼，因为我们向往收获，向往那蛙声阵阵，向往那稻香一片。

——题记

世界缤纷多彩，社会纷繁复杂。我们心灵的田野难免会掉落一些"小鸟""蜂蝶"带来的杂草种子，一不留神，杂草就肆虐疯长，我们的心灵就会一片荒芜，就会失去伊甸园般的圣洁美丽。人们不禁会发问："那该如何除去这些杂草？"智者说："种上庄稼吧！"

种上庄稼，是的，在心灵的田野上种上庄稼，就可以期待稻香鸟语，莺飞蛙鸣。

春天，郊野，春风和煦。春姑娘衔来一轮旭日于东山之上，我荷上锄，带上憧憬，像一位朝圣者一样向心灵的那片田野走去。

"自卑"是一棵顽强的杂草，潜滋暗长于心园很久了。每当面对困难，面对挑战，"自卑"就出来作祟，让我一次次退却，一次次怀疑自己。"天生我材必有用"，人生何处不坎坷？我认识到，只要拥有征服困难的决心和信念，勇敢面对挑战，就一定能摘取胜利的果实。于是，我狠狠地将"自卑"铲去，种植"自信"的庄稼。

"半途而废"这棵杂草伤害了理想之花的盛开，扼杀了人们顽强的探索精神，始终是人们纯净心园的一大危害，如果不及时给予清除，那它就会根深蒂固，那么人类就看不到科学技术带来的进步，就看不到人类登上月球的壮举，于是，我决定将它铲去，种上"坚韧不拔"的庄稼。

"追名逐利"是当代社会长势正旺的杂草，我费尽九牛二虎之力要将其拔除的时候，见一老翁荷锄而来，原来是陶潜先生。我向他表白自己一向钦敬他的"采菊东篱下，悠然见南山"的淡泊恬静，赞叹他拥有"衣沾不足惜，但使愿无违"的不染纤尘的心园。他微微一笑，捋一捋须，留下一颗"淡泊"的幼苗，一转身，衣袂飘飞，悠然远去。我小心翼翼地将"淡泊"栽下，幻想来日收获一片清逸馨香。

我又铲除了"怠惰""自私""邪恶""狭隘"等杂草，种植了"勤奋""爱心""善良""宽容"等庄稼。回望自己的四周，我看到一片绿油油的庄稼地。我相信，自己用心灵种下这些庄稼，人生的金秋定会收获稻麦飘香一片。

年轻的朋友，我们正值人生的春天，你可在你的心园，及时铲除杂草，种下可以期待硕果累累、稻麦飘香的庄稼?

竹·家

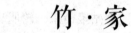

庄榕

家乡的竹子开花了。

一朵朵小巧的白花点缀在枝头，给原本翠绿的竹子添上了一抹新彩。小时候，听人说竹子的一生只能开一次花，开完便死了。我很诧异，纵使一生只为这一次开放，为何不选择金光闪闪，却只是这么一抹洁白与淡雅？

后来，我终于明白了。褪去一生的浮华，只有此刻最为绚烂。

门前的小竹林是祖父种下的，是为了纪念祖母。祖父对祖母用情之深，是我从爷爷的话语中感知的。祖母早逝，她去世之后，祖父哭了好久，门前的一片小竹林，融进了祖父伤心的泪水，长得更苗壮。

现如今，已是翁翁郁郁，从其间茂密的枝叶中，漏下几束光亮，让人不禁想验证物理的小孔成像的正确性了。

家里的腌竹笋，藏得越久，越见其醇厚的风味。这是爷爷自己做的，取材就是门前的小竹林。由于里面渗进祖父的泪水吧，腌制出的竹笋总是十分苦涩，但却是那样醇厚，我总是吃不够，因为浓厚的家乡味饱含在里面。

竹林里常常有蜘蛛，安详地坐在网上。小时候觉得它们有点吓人。长长的毒牙可以置人死地，看到可怜的小昆虫在网中垂死挣扎，我总会随手捡起一块石头，向那网狠狠地掷过去。每当我砸中它，我总会暗自庆幸，我又拯救了好多小生灵。

或许吧，蜘蛛也感知到了竹子的死亡，早早地离开了，所以不能见到它的踪迹，我开始从心里感到忏悔，我深深地伤害过它，而如今，却无法把我的歉意传达。

天上的风似乎凉了些，风过林动，发出阵阵脆响，细细碎碎的声音有点伤感，仿佛梦中的铜铃，将我敲醒。

一股黄色顺着根部向上蔓延着，这也使爷爷终于下定了决心。斧头挥过，竹子应声倒地，我轻轻地把火把扔了过去，点着了竹子。

跳跃的火苗吞噬着竹子暗黄的身体。明亮的流苏在空中飞扬，陨落。刹那间，我明白了：

竹子开出花儿了，
小小的花儿在风中摇曳。
微微晃动的花儿，
写满了不乐意，
在火里尽情燃烧。
绽放一生一次的美丽，
连同我儿时的记忆，
一同葬在这里。

心中的向日葵

林兰兰

100

　　我最喜爱向日葵，它总是向着阳光生长。我同它一样，也喜欢迎着阳光快乐地成长。

　　我家后山上就有几株向日葵，那里是我曾经笑过也哭过的地方，那里收藏着我的欢乐和悲伤。每次心情不好的时候，我总会独自一人来到向日葵的身边，把心里的话都告诉它；而一旦有值得高兴的事情，我也会第一时间来这里向它报喜。我自认为它是我最忠实的听众，也是我最亲密的朋友。

　　我出生在一个平凡的人家里。为了生计，爸爸妈妈都外出工作，奔波操劳着。家里就只剩下爷爷、奶奶和我，三个人守着原本应该充满欢声笑语而现在却寂寞的房子。父母离家的那年夏天，我七岁，正在读小学一年级。试问天底下有哪个孩子不想自己的父母呢？每当我特别想念妈妈时，我就会去后山上看一看向日葵，然后在心底反复地对自己说："就算妈妈没在身边，也有小葵陪着我，我并不孤单。"这样一想，我的心情就好多了。

"丁零零——"放学的铃声响起，我背起书包，飞快地冲出教室，太阳在我身上制造出一颗颗豆大的汗珠。我的脚下是一座不怎么大的桥，桥下的水哗哗地流淌着，舒缓而轻柔地向前流淌着。我不由得放慢了脚步，这时，从我旁边走过一对母女，隐隐约约中，我听到她们俩的对话："妈咪，我的脚底下好烫呀……""哎哟，我的小宝贝，来，妈妈背你……"我的喉咙哽咽了一下，小手握得紧紧的，轻微地颤抖着，炙热的阳光仍旧照射在我身上，把那最后一滴眼泪也晒干了。

回到家，我放下书包，迈着沉重的步子向后山走去。来到小葵的面前，我静静地在它身旁坐下，和它一起欣赏美丽的日落。太阳的余晖在它脸上闪耀着金色的光芒，小葵呢，也向着太阳，一脸满足。看着这一幕，我的心头也变得暖暖的，没有了刚刚想妈妈的失落，嘴角不自觉地上扬。

两年后，在被妈妈送去阿姨那边的学校读书之前，我又去了后山，去看我心爱的小葵，和它做最后的告别。太阳依旧，向日葵依旧，只是我在一天天长大。

向日葵，谢谢你！在没有爸爸妈妈陪伴的日子里，是你默默地在我身边见证我的成长。这一路上，你分享我的欢笑，分担我的痛苦，抚慰我的心灵，激励我的斗志，你为我做了很多很多，关于你的一切，我会记在心里。小葵，离开你之后，我不会忘记你，因为我和你之间，有一段美好的回忆。

雏菊也歌

谢慧娜

漫天的嫩黄冲击了我的视觉，在心中荡起一层层涟漪。在很久很久以前，我的心中就已经驻扎了对方。

第一次接触你只是在那个喧嚣的午后，苍绿的田野中独我一人，耳边是知了聒噪，身边是流水潺潺，寂寞却享受着属于我的喧嚣。偶然一瞥，山野那头漫天的花海映衬在眼前，开着白色的花，是的——雏菊，从那一刻，你就占据了我的心。

说不出为何会对你一见钟情，可能是见惯了玫瑰的妖娆、牡丹的庄重，受不了那肃杀的氛围。蓦然回首，对于如此朴素的你情有独钟，但我觉得我们像是对方的写照，喜欢蜗居于不为人知的一隅，听着风的声音，"呼呼……"看着树摇曳的婆娑身影。寂静之中交换着寂静，走得最近的才是记得最深的。而那些喧哗之中的表白，漫天花海的热烈，更像戏台上的人生，曲终人散后成为不再显影的底片。潮水是无家的，只有静水深流，才有家的方向。

我无语，彼亦无语，只是看着你那细嫩的花瓣，纤细的躯干，传递着寂静的爱……

从那时起，每天唯一能让我感到兴奋至极的事就是与你相伴，看着风把你吹向这头，吹向那头，忍不住嘻嘻地笑；看着雨敲打着你的身躯，会暗生不舍，怜香惜玉般撑起伞为你挡风遮雨……我知道，对

你的爱已侵入骨髓，随着血液流向全身，谁也不能将它连根拔起！

就这样，我们注视着彼此，一晃十载。

记得去年看过一部电影《雏菊》，那漫天的花海就像我儿时初瞥你一样，一样的壮阔，但雏菊的出现，是杀手执行任务的时刻。我心中神圣的雏菊，我不容许你这样被亵渎。

妈妈知道我喜欢雏菊，曾跑遍了好几个花市买来送我。当我看到那被束缚在花盆中的小雏菊，黯然神伤，你就像那午夜的精灵，奕奕释放你的光彩，却跌入了人世。

那些田野上，山林里的，早已在我身体里驻扎生根。我们这浸染了嘈杂与污浊的身体，该如何去习惯那些已离之甚远的风景？根深蒂固在我们心里的，是用霓虹灯拼凑的繁华和入夜后那不易得的宁静。

因为爱，所以不想占为己有；因为爱，所以放任自由，我知道的，你是属于那片田野的，自私的心灵只会为你套上枷锁，纯净如你，似心灵深处那一方净塘，我们间寂静的爱也永不会褪色。

一路花开，一路有你，只是因了你，我的生命不再黯淡，在寂静中释放你安宁的歌声……

我相信，现在的纯真，总会找到一个完美的本根。

心若纯真，方有本根

郑智翔

三月九日，母亲买回一包种子，叫常夏石竹，要我种植。

我们先将土浇湿，再把种子撒进去，接着再盖上一层湿土，然后用保鲜膜盖起来，一共栽了三盆。偶尔浇浇水，静候芽发。

几天后，母亲喊着："种子发芽啦！"跑去一看，其中两盆的土块中间微微探出米粒般大的小芽，柔嫩而美好。可另一盆却一片死寂。

过了几天，原有的两片叶子长大不少，而且绿叶下又冒出了两片新嫩芽，还长出一段像细线那样的茎。我想起肖复兴的一段文字："那一排排树木摇曳多姿的枝条和尽情摇摆着的树叶。"我也对那两盆抱有这样的期待，可另一盆还是一成不变。

快一个月过去了，其中两株长势喜人，高耸挺立，另一株仿佛营养不良，矮小猥琐，在阳台上对比鲜明。我一边为茂盛的心欢，一边又为衰败的无奈。那刘成章写的《三角梅》中，见梅久不长的忧愁也莫过如此了吧！渐渐地，我不理那不长的一株，热情地培育另两株常夏石竹。偶尔与那一株打个照面，也只有几句冷嘲热讽。然而，那本不被我看好的一株竟奇迹般地存活下来，且好像为了弥补之前的停滞不前而疯长，快要和另外两株肩头一般高了，我大惑不解，想一探究竟。

那天，就我和母亲在家，我照常只给其中两株浇水，回房写作业了。忽地听见有动静，是母亲走出房间到阳台去了，待她回房间了以后，我蹑手蹑脚地到阳台一看：水壶的水少了，我上午本没有浇水的那一株的土是湿润的，我明白了。

为此，我向母亲请教，她给我四个字：平等，纯真。

回想起曾经看过一篇报道，一个心理学家做过一个实验：一个月前买了三串新鲜的香蕉，一个月中，每天对第一串说夸赞的话，对第二串恶语相向，至于第三串则冷漠无视。一个月后，第一串几乎没坏，第二串却有一大半不能食用，第三串几乎全烂了。想到这，我的脸不禁有点发烫。

那晚在卧室里翻阅林清玄一系列有关参禅悟道的文章，看到他

引用一位大师的格言，目光在此定格，那句话是：心若纯真，方有本根。

单纯，天真，多简单的字眼，又有几人能真正理解。对所有实物用最初那种单纯而善良的眼光来看待，是多么美好又多么难以实现。人人平等这个道德字典里的常住户又在几人心中安了家？既然原本心怀怨恨，那现在就回归本真吧！对父母道一声早安，向早晨第一缕阳光问好，朝老师同学亲切地微笑。如此微不足道又如此微妙。我相信，现在的纯真，总会找到一个完美的本根。

我把这顿悟分享给了母亲，她笑着听完后问道："那然后呢？"

然后？然后就有三株纯真的绿色在阳光照耀的空气里荡起一阵阵涟漪。

淘淘的故事

余申端

淘淘离开我已有好几年了。每当想起它，我总感觉到有那么一双眼睛在盯着我，那眼神里似在娓娓述说千言万语……

淘淘是我家养过的一条狗，它的名字是我特地为它起的。淘淘身材魁梧，当它挺立时，还真像只仰首挺胸的小白虎，威风凛凛。它身上的毛大部分是白色的，特别是那四只脚。我常打趣地向别人说："看，淘淘穿着四只白靴呢！"背上有几块灰黑色的毛，但就像丹顶鹤尾巴上的黑羽毛一样，更衬托出了它的洁白。我最喜欢的是它的脸和眼睛，平时显得憨厚温顺，而遇到陌生人时，脸立刻变得严肃，目光犀利。

淘淘小的时候，那还真是个淘得不能再淘的"淘气包"了。看它，一会儿屋里，一会儿屋外，有时钻到椅子底下，有时像穿越隧道一样飞快地从门边的小狗洞里穿过，它还能从那窄窄的洞里折个身回来呢。有时，它甚至能抱着一只拖鞋玩上大半天。

说到淘淘的淘气啊，还有一个有趣的故事呢。当时，家里正好也养了一窝小白兔，一只只毛才刚长全，雪白雪白的，两只眼睛都还没睁开。这一天中午，小兔喝奶的时间到了。我在那看了会儿，一抬头，正看到那让我吃惊不已的一幕：小兔在门前的空地上一蹦一跳地焦急地跑着，淘淘就跟在它身后，却不咬它。而是用它的舌头一下一下地舔小兔身上的毛，小兔还小，跑不快，竟然全身都被淘淘舔得湿漉漉的。

我赶忙去把小兔抱起，回头看到淘淘那副无辜的表情，真是又好气，又好笑。

淘淘，还有点痴。有一天，它溜到后屋去玩，突然站在了那穿衣镜前，一动不动地盯着镜子里的自己。"汪！"它突然对着镜子里的它大吼了一声。自己倒像是给吓了一跳，身体猛然向后倾。它又把头一斜，细细地打量起了镜子里的狗，仿佛认不出那是它自己。

但是，有一天，淘淘闯祸了。

这天，我放学回家，淘淘听到我的车铃声，像平时一样兴奋地叫着向我扑来，抱住我的腿。我正要弯下身来抚摸它，忽然觉得小腿被咬了一下，忙揪起裤管一看，竟有两个鲜红的牙印，妈妈知道了，十分生气，抢起扫帚，重重地打在了淘淘身上。淘淘痛得凄厉地哀叫着，到处躲。

经过这件事，淘淘稍微安分了些，可是真正的不幸才刚开始。

临近春节了，有一天妈妈说："亲戚说春节要吃狗肉，所以……"

"不行，绝对不行！"我坚决反对。

这天，妈妈在树下与邻居聊天。聊到了淘淘，妈妈就指着拴在树下的淘淘说："你呀，活不长了。"

接下来的几天，淘淘像是生病了似的，不吃饭，只是整天趴在树下发呆。我急了，拌了它平时最喜欢的肉汤米饭，还加了些骨头，送到它嘴边，可淘淘闻也没闻一下，只是抬头呆呆地看着我。我看着它的眼睛，明白了它的心事。我抬起手，轻轻地抚摸着它的头，淘淘温顺地微微仰头，闭上眼睛，耳朵耷拉下来。"没事的，我不会让他们那么做的。"我说。淘淘睁开眼睛看着我，然后开始慢慢地吃饭。

但是，事情并没有我想得那么简单。我极力地劝说，但大人们根本不把我这个小丫头的话当回事儿，还取笑我说："不就是一条狗嘛，有什么大不了的。"

107

那是大年三十的前一天，一大帮亲戚到了我家，兴奋地谈论着淘淘，更确切地说，是狗肉。淘淘终究还是死了。

他们给淘淘套绳子时，它一动不动地站着，一点也不反抗，也不叫一声，只是用那使人断肠的凄凉的眼神呆呆地注视着我。它被吊了起来，锤子重重砸在了它的脑门上。可它依然不叫一声，只是看着我。那眼神让我受不了，我躲进屋里哭了起来。

亲戚们都夸狗肉香，而我连那狗肉的味道都害怕去闻一下。

后来，我给我家每一条新养的狗都取名为"淘淘"，只是我再也没找到淘淘的影子，记住的只是它那临死前让我愧疚一生的眼神。

万兽之王

王晨洲

　　一只老虎被捕获，卖给了动物园。这是该动物园的第一只老虎。老虎从没受过被关在笼子里的待遇，它暴跳如雷："嗷！放我出去！你们这帮混蛋，胆敢把尊贵的万兽之王关在笼子里！嗷！……"

　　驯兽人优哉游哉地走到笼子前，漫不经心地说："哟，你这个新来的家伙很不安分啊。告诉你，在这儿你别想耍威风，你看看狮子、金钱豹、野狼，它们多乖！""嗷！"狮子和金钱豹在邻近的笼子里发出低沉的吼叫，仿佛在说："屈服吧！""住口！你们这些没骨气的家伙！"老虎很愤怒。"算了，顽固的家伙！那就饿一天吧！"驯兽人无奈地摊着手，走了。

　　这一天，老虎果然没吃到东西。它气得乱发脾气，愤怒地咆哮不止，后来累了，才昏昏睡下。

　　第二天，驯兽人来了："嘿，老虎！屈服吧！挨饿可不好受！"老虎怒气冲天："嗷！我是万兽之王！休想让我妥协！""万兽之王？就你？"驯兽人露出轻蔑的表情，"你去问问，谁把你当万兽之王？再饿一天吧！"

　　老虎不甘心，先问对面的驴子："我是万兽之王吗？""原来你是，现在关在笼子里就不是。"驴子一本正经地答道。老虎很气愤：

明摆着是，有什么区别！它又问野马相同的问题，野马答道："现在你无法打败大家，谁都不会承认你是万兽之王。"老虎气急败坏，又问了很多动物，都不承认它是万兽之王。老虎恼羞成怒，加上今天又没有东西吃，它简直气疯了。最后没办法，只得抑郁入睡。

　　第三天，老虎的忍耐到了极点，驯兽人一来，老虎扑上栏杆："嗷！快放我出去！给我东西吃！"驯兽人笑道："你这么暴躁，别想吃东西！"老虎已经饿得前胸贴后背了。

　　第四天，驯兽人来了，看到老虎十分颓丧地趴着，笑了笑，准备走。老虎起来，叫："慢！"驯兽人转过身："怎么了？学乖了？"老虎沉默不语，驯兽人又走。老虎终于软软地叫："我要吃肉。"那神态，根本不像万兽之王，倒像一只穷途末路的老鼠在低三下四地求饶。驯兽人笑了，给老虎一块肉。老虎吃得不亦乐乎。驯兽人说："明天我再来。"

　　第五天，驯兽人一来，老虎就迫不及待地说："我要吃肉。"驯兽人笑了，说："你学一声狗叫，就给你一大块肉，叫得好可以再加。"老虎不干："我是堂堂老虎，学什么狗叫！""那好吧！"驯兽人往笼子里扔进大堆的青草，"吃这个吧！""我要吃肉！"老虎发火了。驯兽人耸耸肩："不学狗叫，别想吃肉！"四天来只吃一块肉的老虎饥肠辘辘，只得吃草。它厌恶这种味道，但它逼不得已强咽了下去。

　　第六天，驯兽人出现了："学不学狗叫？""不学！"老虎怒吼道。"那今天什么也没有。"驯兽人走了。

　　两天后，驯兽人来看了看，又要走。突然，从老虎笼子里传出"汪"的声音，很小声很小声，正是老虎发出的。驯兽人听见了，笑了，回到笼子前，说："再来一声！""汪。""大声点！""汪！""再大声！""汪！！"老虎得到了丰盛的食物……
　　……

一个月后，这个动物园举办了马戏表演，其中最大亮点是一只老虎，它钻火圈、走钢丝等各种杂技都擅长，观众惊讶地发现，它简直像小狗一样温顺可爱。"奇迹！奇迹！"赞叹声啧啧不断。

万兽之王发出狗叫声，该可喜可贺，还是可悲可叹？

灰雀·我

林　烨

我

卖鸟的人说这是灰雀。

隔着木制的笼子，我看着我的灰雀，抖动着小小的身子，蹿上蹿下，竟感到无比快乐。它的翅膀是灰褐色的，很大，它的眼睛也是灰褐色的，圆亮亮的，它总是时不时转过头来看我。它的眼睛写满了依赖，我想，它是需要我的。

我用指尖轻轻地触碰着它，它很幸福地笑了。

灰　雀

我不安地看着这个陌生的环境，寂寞充斥了所有的空气。她为我准备了一个十分精致的笼子，是木制的，很漂亮，但这是用来束缚我的。她一直趴在桌上看我，她的眼神很温柔，但我不习惯，我待在笼子里很不自在。我时不时就转过去看她是不是还在看我。我看到她很快乐的样子，因为我的眼里写满了信赖。

她的指尖轻轻触碰着我，有一种温暖的感觉。

我

我的灰雀有点淘气，笼子里，被它弄得乱七八糟的。

我把它抓出来，小心地捧在手心，然后腾出另一只手清理笼子。

它用圆溜溜的眼睛看着我，还用小嘴碰碰我的手指，很轻却很痒。我想，它是喜欢被我捧着的感觉，不然怎么会这样兴奋呢？我努力为它创造一个安适的环境，可感到幸福的竟是我。何时我变得这么易于满足？

我把它放回笼子里，看着它扑打翅膀，飞到横木上，啄食着我为它准备的食物，我就觉得很快乐。

它真的很可爱，我发现我对它的爱越来越强烈了。

灰　雀

她似乎不满我把笼子弄成这样，她把我从笼子里抓出来，放在手心。那一刻，我呼吸得无比畅快，这是自由的空气，自由的味道！我兴奋地看着她，我还用小嘴亲了一下她的手，我想告诉她：就这样，就这样把我放在手掌心里。

但最终她还是把我放回笼子里。她还是喜欢看我在笼子里的样子，还是喜欢看我享用她为我准备的一切。她满足而幸福地看我。

她是爱我的，却不懂我。

我

我的灰雀愈来愈安静，它几乎不叫唤，也不怎么吃东西，它只会愣愣地看着某一处。

今天的天空很阴郁，就像它此刻的眼神。

我跑去问卖鸟的老板，他告诉我，这是家养的灰雀，通常很温顺。

我要怎么说他才会明白，我的灰雀不是不温顺，是忧郁。它如水一样忧郁的双眸，震动着我的心弦，让我觉得疼。它想要挣脱吗？却又有点依恋，很矛盾吧？就好像最坚强的人往往最脆弱。把受伤当成成熟是一种悲哀吧！

我想，它也许需要一个伴，但我不想这么做，我怕它将不再需要我。爱，是自私的。所以，我只好忧郁地看着它。

112

灰　雀

笼子里的空气越来越冰冷，我觉得我快要窒息了。我忧郁地看着天空，我双眸写满了心事。我再也伪装不出快乐了。我觉得我的心在一点一点地裂开，悲伤铺天盖地席卷而来。

我承认我是有一点舍不得她，但我还是会义无反顾地选择天空，那才是我最想要的世界。

她心里还有我吗？那么为什么她不懂得我的心事？她的爱很沉重，我无法承载。她的眼神，温柔得像一张网，我逃也逃不开。

我累了。她可以给我一切，唯独没有自由。我可以不要一切，唯独想要自由。

我

阳光是金色的，温柔地穿过玻璃，铺了一地，满屋的温暖溢开来。

我的灰雀却安静地躺在笼子里，僵硬的，冰冷的。它还是选择离开我，它成功地逃亡了。

我很想哭，我知道这叫失去。

但一开始，失去就是必然的，不是吗？

我的爱太悍然，爱的方式太决然，它承受不起。

我以为，只要它一直在我身边，就永远都只属于我一个人的。其实，不是它需要我，是我需要它。我以为，这一切都是为了它好，全然不顾它的束缚，它的伤痛。

可是，现在明白，真的太晚了。我的灰雀，在我的爱中，已慢慢成长为死亡。

爱它，就给它自由。

爱我，就给我自由。

也许这就是每一只猪的天命。我为待宰的家畜感到痛心，却也不得不向自然规律低头。惊恐挣扎之后，戛然而止，所有的一切终究是尘埃落定。

113

生命的崇高

吕墨凝

夏日的午后，我独自在家里漫不经心地整理起零乱的书桌。从一本旧书中蓦然飘落了一张照片，我俯身拾起。虽然照片上沾满灰尘，可那如花般的笑靥却如此耀眼……

照片上，山峰连绵不断，人群穿梭不尽，我和维安娜并肩靠在长城的城墙上。

记得，那是在暑假里，我们一家和妈妈的球友去北京游玩。登上长城的那一天虽然是夏季，可竟然也有些寒意。当我在第二个城台休息时看见了维安娜。她站在一个眺望口上，望着远方。

我无法把目光从她身上移开，她戴着一顶西部斗牛式牛仔帽，脖子上绕着一条丝绸围巾，身着一件五彩斑斓的长袖衣，格外显眼。她回过头，我看见了她那对美丽的浓眉大眼。她发现了正在注视她的我。

她向我走来，对我微笑："嗨，我来自马来西亚，叫维安娜。"虽她这口中文说得有些别扭，可我听懂了。随后她告诉我她曾在中国留学。

我发现她身边没有一个人，便问："你的家人呢？"

维安娜沉默了许久，才说："我患了绝症，我想在我临死前重返中国，怀念我在中国留学的时光。我对我家人心存愧疚，因为……他们都不知道我患了绝症，我希望在我还活着的时候给他们留一些美好的记忆。"

我对维安娜竖起大拇指，说："好样的！"她笑了。"那你为什么不去科技最为发达的美国，不去浪漫的法国，不去欢乐的印度……却来我们中国呢？"

维安娜说："中国是一个既古典又现代，有五千年历史、和平快乐的国家，在我的生命进行倒计时的日子里，我在这可以找到心灵最温暖的归宿，我可以带着欢乐知足走向天国！"

我的心灵被震撼了，后来她和我结伴登长城，她给我讲了许多故事，她父母的、丈夫的、孩子的。我为有这样一个善待生命的人而感动。

她准备继续登长城，在临走前，我和她合影留念。维安娜告诉我："天空的颜色已经由普通的鸽灰转为温暖的蔚蓝色，风的声音已经由低沉的曲调转为欢乐的交响乐，大地已经发生了翻天覆地的变化，人却不能永远裹着冬天般的心情！"

如今，记忆中的维安娜我无从寻找，她也许只剩下一天的生命，也许已在天国，但她那颗热爱生命的心，却给我终生不能消失的记忆！

雷 雨

陈子惠

　　下午最后一节上体育课的时候，蓝天娃娃突然生气了，脸色变得阴沉沉的，整个天空仿佛背着一口大黑锅似的，闷得让人喘不过气来。

　　一阵急促的下课铃声打破了校园的沉闷，同学们飞奔着往家赶。这时，一阵大风从地面刮起。顿时，乌云滚滚，天昏地暗，地上的灰尘、纸屑一起得意地飞上天空，使人感到窒息。忽然，天空中那黑灰色的布幔裂开了一条缝，像明晃晃的刀口在这布幔上划过。闪电刚刚消逝，一声炸雷把乌云笼罩下的大地震得战栗起来。顷刻间，暴雨瓢泼而下，就像天河决了道口子。

　　这时，路车来了，我匆匆上车。透过窗户，只见狂风卷着豆大的雨珠像无数条鞭子狠命地抽打着玻璃，发出叮叮当当的响声。雨水碎成一丝丝一条条一朵朵，顺着窗台直往下流。霎时，天地之间仿佛挂起了一张无比宽大的珠帘，壮观极了。我想画家也难以想象出这么美的画面吧！

　　车到站了，雨似乎收起了性子，小了许多。雨点落在地面上，溅起朵朵水花，土地好像绽开了一个个笑的酒窝；雨点落在树梢上，像婀娜多姿的树姑娘梳着柔软的长发。我被这美丽的雨景深深地吸引住了。

　　不一会儿，雨停了，空气像滤过似的，显得格外清新。田里的禾苗大口大口地吮吸着甘甜的雨露，小区里又热闹起来了，到处回荡着小朋友欢快的笑声。

夏　　逝

王淑筠

　　清晨，拨动厚厚的帘布，推开窗，迫不及待地狠吸了一口那晨间特有的略带潮湿的清新空气，不由得心旷神怡。忽然，迎面拂来了一阵晨风，我打了个冷战，揉了揉鼻子，皮肤上分明感受着丝丝凉意。呀，十月份了！心底无端地冒出一阵悲凉，难道又一个夏天在我的生命中轰然死去了吗？

　　于是这整整一天，我都在茫茫然地寻找夏的痕迹。

　　正午时分，太阳依旧豪情万丈地照射着，我站在骄阳下，心中空落落的，总觉得不对劲。还记得几个星期前的阳光，有一种穿透人心的力量，在烈日下行走，那灼人的光亮似乎要将你整个儿吞没，光线笔直地穿透整个人，照进心中不可触碰的角落，而现在，阳光就像人死前的回光返照，半死不活地慵懒照射着，有气无力地照射着……

　　突然，耳边响起了阵阵蝉鸣，响起了夏天独有的交响曲。唉，怎么这么不对劲？几个星期前的蝉鸣，积蓄了生命的力量，如一下一下节奏感强烈的鼓点密集地在心脏上敲响，坚强得让我想落泪，可现

种植一片稻香

在，却如同一位迟暮的老人般沧桑，嘶哑地吟唱着夏的挽歌，当它戛然而止时，在令人惊惧的寂静中制造更旷远的悲凉。我流着泪痴想，又只能在梦中听到那铿锵的灵魂交响乐了。

迎面送来的秋风恼人地包裹着身体。在这个灰色的季节里，它们的存在只是一种悲凉的点缀；而夏风则不同，它们的存在是为了助添骄阳的声势，带给人们一种轰轰烈烈的快感。

又是一个夏天在我短暂的生命里逝去了，于是，我又得坚强地度过伤秋忍冬悲春，迎接下一个夏天，迎接着一次又一次被阳光埋葬的快感，迎接着生命年轮里充满期待与煎熬的岁月……

婉约江南，独留一半情歌

朱林烟

我喜欢故乡的老屋，那每日清晨婉转的莺啼，那木制楼发出的凄婉的哀鸣，那透过竹林洒落下来的细碎的阳光，那让人无法忘怀的带着淡淡清香的泥土气息。

那是那么简单又动人的话语，带着那样寻找的愿望，带着那按捺不住的依恋，再回到那片熟悉的土地，手捧一杯浓绿的熏绿茶，踱步于乡间小道，感受那江南水乡空气里氤氲的甜润的气息，犹如泰依的弥撒曲一般令人销魂。

蓦然间，一只公鸡啼叫起来，忙不迭地扑棱翅膀，不远处的一只小牛也睁开蒙眬的睡眼，随声附和起来。

　　会持家的屋主人把一堆堆清香醉人的稻草在家门前扬一扬，再搬进贮存室；那时候在干草堆里睡觉，才美呢！偶尔口干舌燥的小狗会在搅乱的干草堆里打滚。

　　我会在一个阳光悄悄地披上橘黄色外衣的午后，搬来一把靠背椅，手捧一本心爱的好书，坐在葡萄架下，温存地感受着夕阳西下……

　　我想象着一座深锁的大院，那是秋的景象，我想推开那寂寥的世界，去感受那满是枫叶铺落而成的红色的走廊，在里面我会看到一对年迈的老人，挂着拐杖互相搀扶着，他们相互微笑着凝视对方，走上那由蛋清色石砖铺就的走廊，一起重温旧日的美好，一路收集爱的行囊，然后一起无悔地走向死亡。只有在这多情的故乡，我才能有这样的想法。

　　渐渐地，太阳完全没入了深山背后，鸟雀们开始叽叽喳喳地叫起来，吃胖了的鸽子伸着鼓鼓的脖子也拼命地插几句嘴。又见了：

　　晶莹的月儿，红色的枝丫。

119

　　如果我于火炉旁，轻触你细不可感的灰烬，或皱褶斑斑的圆木树干，凡此种种引我贴你的孤香，芳影……

　　它们是一艘艘小船，将要造访你的小岛。

街头，那一抹橘黄

谢晨怡

当你行走在洁净如洗的柏油路上，当你漫步在一尘不染的林荫小道上，你是不是会想：是谁创造了这么美的环境呢？是的，是清洁工们。他们永远一身橘黄的工作服，永远起早贪黑地工作，永远不怕风吹日晒……以前，我总瞧不起清洁工，而那一件事让我对他们肃然起敬。

记得那个暑假里的一天，我拿着二十元钱出去买盐，顺手也买了一些糖果和瓜子。回到家后，我打开电视机和电风扇，一边看着电视，一边悠闲地吃着糖果，啃着瓜子，还随手把糖果纸和瓜子壳往窗外一扔。

吃过午饭，我不经意往窗外一瞥，一个橘黄色的身影闯入我的眼帘。定睛一看，是一位清洁工叔叔。他正蹲在地上拾着我扔的糖果纸和瓜子壳，有些糖果纸粘在了地上，就用铲子铲，有些掉到近处的瓜子皮，就用树枝挑。黝黑的皮肤被烈日晒得通红，汗水顺着他的脸颊流淌下来，湿透的衣服紧紧贴在他的身上，他毫不在乎。

眼前的这一切如烈火般灼烧着我的脸，无比羞愧的我大步流星地跑下楼去，对清洁工说："叔叔，您歇会儿吧，我来帮你捡。"清洁工抬起头来看了看我，微笑着说："小朋友，谢谢你。不用了，你去玩吧！"说完，便继续埋头苦干，我也连忙低下头去帮着捡。

天色渐暗，我看地也清扫得差不多了，于是劝清洁工叔叔快回家，他却说："马上就好了，我得把它们收拾好。因为这是我的责任。"我再也忍不住了，向他承认了错误，但他什么也没有说，只是笑了笑。

落日的余晖洒在他的头上、身上，那一抹橘黄定格在我的记忆中。

掌　声

林逸帆

我一直很喜欢跳舞，十分羡慕那些穿着漂亮舞裙的主演，是一次难忘的掌声让我当上了梦寐以求的主演。

有一次，舞蹈老师告诉我们如果谁跳得好，谁就有机会当主角。我兴奋极了，下定决心每天都要练习舞蹈。在舞蹈课上，刚开始时，我信心十足。可当老师让我们甩腰时，把我们难住了：坐在那高高的把杆上，来个三百六十度的大甩腰，还要抱住脚！我的脑海里只想着那可怕的后果：如果，如果摔下去，那可怎么办啊……

在我想入非非的时候，老师喊了一声："逸帆，上去！"我吓了一跳，可被周围的同学拉上去了："去啊，去啊，你最柔软啦！"我看看张好，希望她能救救我，可张好似乎没有接收到我的求救信号，正笑嘻嘻地跟同学说话呢。呜呜呜！我好想大哭呀！

老师在把杆内侧抱住我，我用力一甩，手碰到了大腿，再甩，碰到了脚！唉，我真后悔，为什么不能用力点呢！最后一次，最后一次机会了，我咬咬牙，眼一闭，心一横，用尽全力向后一甩，这时，老师突然放手，我抱住了脚！是真的？！"哗！"一片潮水般的掌声响起，全班同学笑着为我喝彩。此时的我无比骄傲，是掌声给了我鼓励，谢谢你，掌声！

我想：我竟然可以做到，为什么不好好用功，争取当上主演呢？从此，我更加刻苦训练。当掌声再次响起时，老师告诉我，主演我当！

掌声会给你信心，掌声会给你勇气，掌声会给你鼓励和尊重。我认为，是这含着许多鼓励的掌声使我飞快进步，成了在舞台上翩翩起舞的主演。

校园清洁工

郑肖垚

每当看到那被清洗得干干净净的学校公厕，我总会情不自禁地想到一个中年妇女背着一个大麻袋远去的身影。

她是学校的清洁工，身材短小，毫不起眼，一头卷发参差不齐，却仍然奋力地向上生长着。一张发黄的脸上布满了点点褐斑，额头和眼角也爬满了皱纹。可就在这张沧桑的脸上，你却可以轻易找到一缕坚定的目光和嘴角那抹淡淡的微笑。

那是一个炽热的下午，地面时不时冒出丝丝白气，就连风也吹得让人发困。走廊上没有了往日的喧闹声，也没有了同学开怀的笑声，有的只是那发烫的瓷砖。这时，一个衣衫破旧、拖着个米黄色大麻袋的人闯入了我模糊的视线。隐约中，我看见她用那双粗糙的手拭去脸颊边的汗水。我望着她，观察着她的一举一动。原来她是来收塑料瓶的，但她善良得连垃圾都帮同学倒了，所以那个原本"苗条"的大麻袋被塞得满满的，露出了圆圆的大肚皮。可似乎她的辛勤是徒劳的，当她走进教室时，没有人正眼看过她，哪怕只是招呼她一声"阿姨"，或是笑着说声"谢谢"。也许是因为她那不高的"海拔"，让人忽视她的存在；也许是她的卑微身份，让人觉得可有可无；也许是因为她的年龄，让人不知道该怎样称呼。这一切在我看来，分明都是借口。甚至我看到一个小同学因为这位阿姨的袋子碰到他的裤子，而对她大呼小叫，那盛气凌人的声音和傲慢无理的态度就像一把冰冷的剑刺穿她的心窝。然而，她只是怯怯地、友善地给了这无知的孩子一个宽恕的微笑，在她的嘴角上，还挂着一种半隐半露的不易意会的表情。我看到她只是默默地绕过墙角，安静地离开。

我快步走进教室，扒开垃圾桶里的垃圾，把塑料瓶一个一个地捡了出来。我不知道为什么能如此平静地伸手拾出瓶子，又是什么使我敢拣起沾着唾沫的矿泉水瓶，我告诉自己该帮那位阿姨做些什么，于是我把捡好的瓶子用塑料袋装着，跑着递给了她："阿姨，我们班正好有这些瓶子，你拿去吧。""谢谢你，我去把你们班垃圾倒了吧。""不用了，我们自己倒！"我向她摆了摆手，回答得很干脆。她的脸上绽放着灿烂的笑容，笑容定格在我们脸上……

以后的班级大扫除，我总会去寻找这一个身影，因为找到她，我就能知道那把长扫把的位置，那些灰尘、蜘蛛网就能轻而易举地消灭了。可又有谁想默默帮助我们清洁校园的她，也是校园里不可缺少的一员呢？

　　好一段时间，走廊上不再出现这个熟悉的背影，我不知道她漂泊到哪一个角落，继续她的生活，但我真的满心虔诚地祝福她，也希望她能走进大家的心里。我们真的应该关注眼前的，敞开心扉，尊重平凡的人们，让善良的普通劳动者走进你我的心里！

最美的风景

　　人生最美的风景不是这些，而是天伦欢聚，福禄寿康，岁岁年年有今朝……啊，少年易老，光阴当惜，赶紧奋斗，认真走好人生的每一步吧！愿我们大家都能享受一道最美的天伦风景！

过年的味道

谢骏腾

时隔一年，我重返这温暖的土地——这是我的老家，仙游县上一个名为游洋的小镇。

走过小桥，经过田野，老家屋檐下的大红灯笼倏然闯入我的视线，过年的味道便扑面迎来。

刚回老家不久，父亲便端着一碗刚熬好的糨糊向我走来——该贴春联了。"来，"父亲摇着手，招呼我，"来辨辨上下联。"我接过春联。一瞧，红艳艳的纸头留着一寸白，而飘逸隽永的行书书墨正浓。黑红搭配，相映成趣。"迎得春风栽玉树，嗯——这是上联，"我递过去，"接来红日耀华庭，自然是下联。"对了，还有横批：紫气东来。用白里透红的糨糊往春联背面一刷，便粘在门两边，手一抹，便铺平了。春联在糨糊的浸透下，愈发地红了。

这，是一个洋溢着文化味的年。

餐桌上，丰盛的美食香气诱人。圆圆的红团上，印着大大的"福"字，旁边衬着各式的花纹，古拙的木刻艺术在这祥和的氛围中放射光芒。红团香喷喷，红艳艳，吃一口，甜而不腻，软硬适中，湿热的豆沙沁入心脾。还有白糕，将糯米碾成的粉放在模具中一印，再一倒，便有了动物、水果的轮廓，然后放到锅里一蒸，便凝固了，吃来香甜可口。过年时的鸡汤似乎总是冒着热气，随时等待你的品尝。碗中，热气升腾。咬一口鸡肉，肉质肥嫩而富有嚼劲。慢慢地咀嚼，让鸡肉的香甜在嘴里回旋着，年的气息暖在心里。

这，是一个散发着民俗味的年。

到了大年初一，是要去拜年的。在故乡，总会有一堆人聚在一起烤火取暖。互道祝福后，便往烤火架子前坐下，伸出手放在金属盆子上，谈一年来的收获和不如意，谈来年的打算和困难，谈家长里短。这时，伯母便会往你口袋里塞糖果，大伯便会招呼你留下吃饭。我说，我就是我爸妈差来请你们过去我家吃饭的……

这，是一个充满人情味的年。

过年的味道，在这寒冷的正月中，愈发地浓了。

再 回 首

杨筱栾

越长大，越孤单。

又是一年春节，红灯高挂，火树银花。大年三十晚，一个人彳亍在路上，被排山倒海般的轰鸣包围着，呼吸着这夜的喧嚣，双手插在口袋里，把下巴深深埋进上衣的领子里，不知不觉向田野走去。因为是乡下，所以在田间倒有几许安谧，走在泥路上，这厚重的泥土味使我沉醉。长大了，人散了，孤单了。迎面一阵冷风吹来，灌进那被学业压得软塌塌的心房，我生命中的第十二个春节竟如此落寞。

星斗满天，杂花生树。抬头探望夜空，我望见了一张张龇牙咧嘴、憨笑可爱的脸，思绪飞到几年前的除夕夜……

在黢黑的角落中，可以看见一簇簇手执玩具枪的人影在窜动，"噢，哎哟！"呵呵，想必某人已中弹了，少不更事的我和几个邻家小孩儿，在那原本寂寥无声的巷子里玩"枪战"。为了防止"中弹"，个个装扮得有些"反恐精英"的味道，不是从家里偷来头盔，就是穿上有后帽的大衣，让人忍俊不禁……

想到如此画面，嘴上莞尔一笑。我继续前走，我要去寻找，寻找那原本属于我的"春节"。远处是一群小孩儿在玩"甩炮"，还有那"冲天炮"，"火花棒"……我忍不住跑了过去，当跑到他们身边时，孩子们个个惊奇地看着我，我突然"扑哧"地笑了出来，笑自己的唐突，笑自己的无趣。小孩子有他们天真的童趣，而我是早已被种种压力吞噬了天真的。想到此，兀自返回家中，看见家人个个都在看电视、嬉笑谈乐，心里顿生暖意。

我的春节，夹杂着成长的落寞与回忆的窃喜，心中悲凉难耐。"何夜无月？何处无竹柏？但少闲人如吾两人者耳"，我心中的"怀民"，你又在何方？

十二点整，新年到了，在冗杂的鞭炮声中，不少人忘我地迷醉，点燃那早已熄灭的激情。

我要去寻找，寻找那充满童真童趣的春节。若得其情，哀矜勿喜。慢慢地踱出门外，在橐橐的脚步声中，拉出沉醉在电脑游戏中的发小，我要领他们再踏我们的童年之路，过我们的童年之春节。

最美的风景

陈忻妮

未觉池塘春草梦，阶前梧叶已秋声。

——朱熹《秋声》

刚进入期末复习迎考，便日日盼着过年。可一转眼，除夕也过了，大年也过了，连寂寞的正月初二也过了。正月初三是奶奶的六十大寿，一大清早，家人里里外外老老少少，就开始忙得不可开交。

夜的舞台拉开序幕，清脆的爆裂声中，天空闪过一道道金光，随即烟花登场，大半个天空都被染得五彩缤纷。宴席上更是热闹，红的绿的，荤的素的，鲜汤的爆炒的，种种菜肴争着冒热气儿，就连配角胡萝卜西兰花也排成各式队形，等着抢客人眼球。

客人们陆续来了，大多是亲戚。西装革履开着轿车来，携着全家老小风风火火赶来，口袋里揣着印有"福如东海"字样的大红包而来。我趁着热闹，悄悄绕到空着的贵宾席边，不知偷吃了多少个青梅，反正没人知道——大家都在抢着跟我们的老寿星表示祝贺呢！

震天撼地的开席鞭炮轰响起来，杯盘齐奏，觥筹交错，敬叔祝婆，起坐喧哗……老寿星开始发红包了。奶奶依然保持着开席时的笑容。弟妹们最高兴，叫着，笑着，衣袋中装满了糖果。看着这样其乐融融的场面，真让人感到无比温馨。这可算得是我心中最美的一道风景吧！

啕，太奶奶也来了！人群中晃着一个苍老的身影，所有的亲人都拥过去了……别看她八十多岁高龄了，身子骨还硬朗着呢，她那副牙可以三两下将一根甘蔗啃得一干二净。但毕竟抵不过岁月的侵蚀，一头黑发早已成了银丝，皱纹也爬满她的脸。她咧着镶了几颗假牙的嘴笑着，用幸福怜爱的眼神注视着曾玄孙儿们打闹着跑过。那如花的笑与她苍老的脸形成了对比，我心里酸酸的。但我知道在太奶奶的眼中，儿孙满堂的风景确实是最美的。

坐在一边看小孩子们打闹，我忽然想起了自己的童年，那时不也和他们一样顽皮而快乐吗？将来这些小孩子会长大，我也会，到爸爸那样大，奶奶那样大，直到太奶奶那样老……那时，我也有了儿孙，早已干出一番成就，那时我看到晚辈们欢聚一堂为我祝寿，再忆起今日光景，忆起六十年、八十年的欢歌与泪水，会是怎样的感觉？那一定是也最美的风景！泰山宏伟又如何？瀑布磅礴又如何？人生最美的风景不是这些，而是天伦欢聚，福禄寿康，岁岁年年有今朝……

想到这里，我忽然害怕起来：如果我那时碌碌无为，又怎样？庄稼不收明年再种，人生不成功就没有再来的可能！若是到那时烟花零落，肴席不整，儿孙火并，满目凄然，则情何以堪？

啊，少年易老，光阴当惜，赶紧奋斗，认真走好人生的每一步吧！愿我们大家都能享受一道最美的天伦风景！

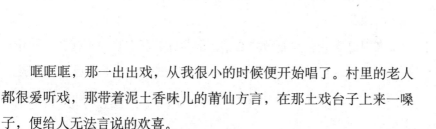

葬在时光里的美好

陈可越

咿咿咿，那一出出戏，从我很小的时候便开始唱了。村里的老人都很爱听戏，那带着泥土香味儿的莆仙方言，在那土戏台子上来一嗓子，便给人无法言说的欢喜。

那时候，姥姥会用几颗花生米诱我一同前去看戏。记忆最深的莫过于夏天的午后了。姥姥搬一把塑料椅，我抱一个小竹凳，带上一把小纸扇，走过那土坷垃路去庵边的戏台看戏。几个老人笑呵呵地拉家常，我不安分地跑来跑去。小孩子的天性就是爱玩，扒着低矮的窗子踮着脚尖儿窥看屋子里金丝银线轻纱彩绸织成的戏服，那珍珠玉石金步摇缀满的美丽发饰，像童话般美好。

131

有时看倦了，跑到隔壁的庵堂却被怒目金刚吓回了后台。看见身披绯橘衣、头上攒着一朵乌云、对镜梳妆的花旦，我又痴了。那张素脸上了白粉，多了几丝病态的娇柔，那几点朱红点在唇上又是如此妖娆。檀色的笔描出一对修长的眉，黑色的笔在眼角处一挑，又这里轻扫，那里描抹，登时好似天仙下凡。轻插花簪，细理鬓角，看到痴着的我，勾起眼角一笑，宛若一朵古莲轻绽。

十音八乐齐鸣，应和着台上水袖翩飞，惊得我顿下了不停疯跑的脚步，一回眸，不觉看到姥姥脸庞上的温暖。乡间好鸟乱唱、夏虫聒聒却未感心烦，在我的童年中，就这样成了一个童话。

陪伴在姥姥的身侧，被妈妈禁止去学的土方言如今就这么淳朴而纯正地随着乐声流入耳中，脑海里似有一片花海，花瓣飞舞。

像是做了一个绵长的梦。后来，我长大了；后来，我在妈妈口中知道了这是莆仙戏；后来，姥姥也过了七十大寿；后来，我又回去一趟，戏台翻新了，装上了一对喧闹的大喇叭，小道也修平了。只是戏服与发饰蒙上了尘，黯淡失了色，怒目的金刚变得畸形而可笑，十音八乐比不过一张配乐碟子，而在夏天的中午，再不常听到传遍满乡的悠长的曲儿了……

我对这事儿感到非常的难受，像两株藤蔓在我心间缠绕、攀升，一株叫改变，它翠绿却不见生机；一株叫遗失，蔓上结着点点滴滴。

我们在不断的改变中重新认知，却遗失了那些美好，葬在时光里……

132

夜，夜

王祎婕

电风扇像个小老头似的伏在那里，咯吱咯吱响个不停，台灯发出白莹莹的淡光来，面前的练习卷又被吹得有些凌乱了。阳台的门开着，会有些许风挤进来，吹在脖颈边，凉凉的，又很温润，记得外婆给的玉，挂在脖子上也是这种感觉，很微妙。

一晃神，抬手看看手表。3点58分，又要开始一个新的小时了。

朝南的小窗里一小片长方形的天空被割开了。凌晨时分，没有灯火，夏末之节，也没有繁星。随意一瞥，一种宁静的又微微散发出些许淡雅的黑浮在眼里，一愣，开始凝视这墨色的方块。

似是一幅被泼上了墨的宣纸，层层叠叠，玲珑有致，有着独特的美感，像是被随意勾勒出的惊世之作，散发着清新的气息。这浓淡交错重叠的墨团，前面深的，该是远处的山，后面浅的，就是更远的天空了。观摩着山的线条，是那样的厚重。遥望着天空，竟感受到一股深沉悠远的墨蓝透进心中，原来，夜空不是纯净的黑，而是带着一抹伶俐狡黠却又大方的蓝。这抹奇异的色彩能让心渐渐地静下来，这可是夜牵起了我的手，带我脱离白天的喧嚣繁杂？

这份静谧使大脑被洗涤了一番，再提笔写些字时，竟带上一些不一样的情绪，是对夜的喜欢，对明天的期盼，抑或是对一切的淡然吧。这样静的屋子，却一点不觉得有孤独存在了，因为觉得有夜在陪着我，相信夜也不会孤独，因为有我陪着他，是吧？我轻想着。

夜的心情，夜的色彩，夜的安静，夜，是我在别人躺在床上呼吸均匀有着好梦时，找到的唯一一个朋友。露出了微笑，夜的沉默一定是对我最好的陪伴，不论你有没有注意到他，他都不会离开，永远在那里陪你。困了，他不去吵你；累了，他让你靠一靠；有心里话了，他做你最好的倾听者；开心时，你可以去找他；生气了，你还是可以去找他。他永远在那里。

暑假，就那样无可救药地爱上了夜，静静的、从不说一句话的夜。

……

夜，轻轻牵住我的手，我也将嘴角淡淡勾起的笑意沉溺在夜里。

因为知道，不论我做了什么，夜都会默默地在那里，向我伸出手。

夜，夜。

最美的风景

感受夜晚

郑旸

月光如水，星光灿烂。是那个月夜，让我感受到夜晚的美丽。

那晚，我躺在床上翻来覆去睡不着，只听见闹钟在"滴答滴答"地响着。窗外，蟋蟀在鸣叫，夜晚的寂静，使这"蛐蛐"的声音如一首气势磅礴的大合奏。月光也是那样美丽，从窗帘露出的空隙中射进来，轻拂着我的脸庞。那皎洁的月光，就像一块白纱布，那样纯洁，没有一丝污迹。我披上衣服，起身推开门，遥望苍穹，只见几颗孤星缀在夜空中，虽然寥落，但依旧星光灿烂，如宝石般熠熠生辉。

此时，夏夜的风向我吹来，却没有一丝寒意。我拿起手电筒，向下照射，只见一只小猫正睁着眼睛，好奇地望着这束光。平时令人讨厌的猫，现在却成了月夜精灵，那样可爱。墙角的一株牵牛花也在这个夜晚又开出了好多花朵，繁花之上，再生繁花。夜晚使它更加美丽，月光仙女陪伴着它，等待更灿烂的明天。此刻，地上的草儿被微风拂过，漾起绿色的波纹。

我回到了床上，钟声依旧。伴着梦呓般的虫鸣，我倦意渐浓，进入了梦乡。半夜，我再次被天籁之音叫醒，原来是夜莺的歌声啊，多么美妙！

啊，夜晚原来如此美丽！虽然没有灿烂的阳光，但也有黑暗中的光明！

改 名 随 想

伊晓红

　　课本、本子之类的，我挺不喜欢的，倒不是为了什么，只是每每这时，我都得写下自己的名字，可我却有一个恶俗不堪的名字——至少我是这么认为的。

　　名字是爷爷取的，我自然不好向他老人家多说什么了。

　　但我始终羡慕可以替人取名字的人。有这么一个电影片段，令我印象深刻：一个老先生坐在炕上，吧嗒吧嗒地抽着老旱烟，眯着眼看着眼前的一排孩子，用烟杆一指："穿蓝衣服的，对，叫的就是你，你以后就叫××了啊，还有你，白衣服的……"那是一种让我感到十分惬意的感觉。

　　但后来开始玩一些游戏了，像取名字的事多了起来，这才发现，取名字是一项创造性的工程，往往都有点焦头烂额的，叫什么好呢？婉玉？太柔美；丽娥？太俗气；德琴？太老土……

　　后来便置之不理了，对取名字人的羡慕也转化为敬重。同时也为国人自豪，那么厚的一本大字典，摘下两个字，便是一段美好的人生——叫致远，是"非淡泊无以明志，非宁静无以致远"；叫子轩，是希望他气度不凡；叫枫生，则让他的人生有诗一般的味道……

　　我常为外国人感到遗憾，总是杰克、汤姆，总是玛丽、珍妮，看过不少外国小说和文章，却总见不到一些特别点的。

最美的风景

曾看过这么一个笑话：有一个人，想给自己的孩子取个与众不同的名字，翻开《圣经》来找，好半天他告诉别人，他找到了一个从没有人用过的名字——撒旦。

《武林外传》里有一集是那吕秀才逼死姬无命，他这么对姬无命说："姬无命只是一个代号，你可以叫姬无命，我也可以叫姬无命，他们都可以叫姬无命……"我也清楚名字的确是个符号，但仍然极在乎，我也因此为古代女人感到不平，那时的男人，名什么，字什么，号什么，以及五花八门的称号啊，都有的。可女人只要是嫁了人，不管你原来是什么名字，统统只剩张氏，李氏，王氏……

我的名字从不曾被老师念错，所以我也有点嫉妒那些名字莫名其妙的人。你看着老师半天也没法叫出你的名字，年轻点的老师还会把脸都憋红了，那时你便可以高高地举起手来："老师，我叫×××！"

所以，我也会想叫别的名字。可以叫我柴米，也可以唤我油盐，都好。但是看着本子扉页的名字，也会突然有点舍不得，毕竟，我的荣誉，我的辉煌，以及我的失败，这个傻傻的有点俗的朋友都为我一一见证，若有个新朋友，我也无法忘却这个傻老友的。

因此，母亲突然对我说如果实在不喜欢这个名字就陪我去改掉时，我只是说："我不想改了。"

鱼兮归来

颜妍妍

仍然推开这扇门，"我回来了！"回答我的只有无边的空寂。室内静得像一潭死水，轻轻的叹息声在这小小的阴暗的房间里传来传去，最后重重地撞碎在一个角落，当初氤氲着鱼香味的那张桌子这时却散发出让我反胃的烂木材味道……

郑国的子产说，为了常常能吃鱼，所以他不敢接受人家贿赂的鱼；我的母亲说，连没有鱼的日子都维持不下去了，她得出去挣钱了，女儿乖——于是家中就只剩我一个人了。

唉，那样激动人心的日子还能回来吗？

"我回来了！"我边喘气边高声喊道，同时在室内温暖的空气中一阵阵活泼可爱的鱼香味直往我的身上扑过来，我贪婪地搂住它们吮吸着。我知道，妈妈又做我爱吃的鱼了。

每次只要一做鱼，我和弟弟就跟定在妈妈左右，看着鲜美的汤汁在肥嫩的鱼身边荡漾，嘴里立刻浸满口水，然后大声吵嚷着哪块是我的，哪块是你的，直到妈妈在我们的纠缠下把那条鱼摆在桌上。

我和弟弟迫不及待地开始争抢，哪怕是一滴汤汁也不能放过，不一会儿，这块进了我的碗，那块却已经在弟弟的嘴里了，直到妈妈叫住了我们，才肯罢手，殊不知那条鱼已被列强瓜分殆尽，只剩一些凌乱的鱼肉屑了。

于是，在生活单调的轨道上，偶尔出现的鱼儿却让我们的日子泛着幸福的涟漪。每当这波涛泛起的一刻，妈妈眼角的皱纹也会融在浓浓的汤汁中，那么舒缓地伸展开，眼神就像平静无澜的湖面中隐藏着的玉璧，又逐渐隐匿，只是在阳光的辉映下，闪着灿灿的烈焰⋯⋯

光阴就在这一片片波痕中无声地流淌着，鱼却似乎不见了。

空洞的饭桌上出现了那条鱼的幻影，却没有温润的汤汁在荡漾，只有鱼眼睛死死地盯着我。真的好久好久没有吃鱼了。走过鱼摊，鱼腥味淹没了摊子上的一切，一条条鱼儿在死命地游动，多么活跃，多么美啊！很想买上一条，再给自己饱饱口福，只可惜，属于我的那条鱼已和我走散了，也许有一天，它会像归根的叶，重新回到我的身边，把我迷途中错失的弥补回来，但也许那会是很久很久以后的事了。

138

感　动

谢振飞

翻书的时候，一片银杏叶悄然滑落。

我弯腰拾起，惊觉这是小学毕业时好友送给我的，背面上写着："朋友，珍重！"不记得当时是否有想哭的冲动，只是现在，枯黄的叶片上早已是滴滴泪痕。猛然想起，这世上还有一种心情叫感动。

很长一段时间，我似乎已经忘了感动的滋味，是我心冷漠，还是我的心被一些无关紧要的东西充斥得没有空间？

曾经看过这样一段话："我们之所以会擦肩而过，不是因为无缘，而是我们的生活中少了两个字——感动。"的确，我们的内心因此不再敏感，不再用心藏起身边一丝一毫的感动，只有当我们错过它，再回首时，才发现原来我们真的失去许多。

总有人抱怨这世上可感动的事情越来越少。可是，只要我们静下心来想一想，就会发现，其实令人感动的细节无处不在。

读书累了，父母为我们削个苹果，令人感动；口渴了，朋友帮你打杯水，令人感动；沮丧时，得到一句宽慰的话，令人感动；高兴时，有朋友与你一起分享快乐，令人感动；平凡的日子，收到一份小小的祝福，哪怕只是一片花瓣，一片树叶，也令人感动……

人啊，每天有多少平凡的事情足以感动你！或许，正是因为它们的平凡才让我们视而不见。有这样一句话："人之所以会感动，是因为他生活在爱之中。"红尘有爱，人间有情，我们又有什么理由要让平庸蒙住我们的双眼而无法感受感动的滋味呢？

感动是什么？

感动，如沁人心脾的甘泉。畅饮甘泉，我们的内心变得澄澈而又明亮。

感动，如熏人欲醉的海风。感受海风，我们的内心变得纯净而又宽敞。

感动，如令人心怡的白雪。领略白雪，我们的内心变得安静而又平和。

139

我把幸福告诉你

吴金豹

幸福是什么？一个小男孩儿天真地问道。

幸福就是早上醒来，看到一抹阳光恰好落到枕边。可以不用急着起床，躲在被窝里听着妈妈在厨房里轻手轻脚地忙碌，不一会儿荷包蛋的香味弥漫了整个房间。

幸福就是晚饭后盘腿坐在床上，独自看一本好书，偶然间读到一句话语触动了内心最纤细的神经，无意中一抬头，发现橘红色的灯光轻轻地铺满房间。

幸福就是穿着蓝色牛仔徜徉在繁华的大街小巷时，一首久违的老歌突然传到我的耳畔，于是停住脚步将歌听完，许多美丽遥远的回忆在脑海中渐渐清晰起来。

幸福就是在公园的长椅上看书，有一只皮球滚到脚边，把它拾起来还给追随而来的那个胖乎乎的小男孩儿，然后听他脆生生地说："谢谢哥哥"。

幸福就是春天里偶然闻到路边阵阵花香。夏天里穿着鲜艳的T恤在海边看潮起潮落，秋天里走在满是法国梧桐的小街上，心里有淡淡的忧伤。冬天里在飘雪的时候站在路边吃热气腾腾的烤红薯。

幸福就是开心时有人陪着出去大餐，难过时有人拍拍自己的肩膀递上一杯温热的咖啡，犹豫不决时有人像灯塔一样照亮我前进的方向，累了倦了时发现有人一直在不远处默默守候。

大地宽阔了万物，让它们有个快乐的家园；大海宽阔了小鱼，让它们有个自由自在的空间；天空宽阔了小鸟，让它们有个天堂似的花园……这就是幸福！

幸福就是在你眼前，用你那善良的心去发现它吧！

笑靥如花

黄瑞秀

我喜欢笑，却笑得不真实。

——题记

总会莫名地涌起一股苦水，可我却用笑将它释放；总以为自己努力微笑就会看到别人的快乐，可是我没那么有感染力，悲哀并非用微笑就能泯灭的。看着自己的朋友心情低落，我也如同尝到那愁苦的味道，潮了眼眶。悲伤会蔓延，可为什么快乐的速度传播得较慢呢？微笑并不具备打败忧伤的力量吧……

深夜里，疲倦了，嘴角不再有上扬的弧度。只有在黑暗中，别人才看不见我的难过。在这深沉的夜，我带着自己的向往做一场南柯梦。

梦中的世界如童话般浪漫。走近自然，是草木的欣欣向荣，是动物的龙腾虎跃。梦中，没有啼血的杜鹃，没有悲哀的猿鸣，潺潺的流水，呦呦的鹿鸣，和谐自然之声给予人们一种没有杂质的清幽，它所营造的氛围，令人所到之处皆是心旷神怡。

梦中的人们不懂痛苦，不解悲伤，看不到紧锁的眉头，找不到低垂的泪水。花朵的盛开只为点缀人们舒心的笑容。人们不为衣食而忧，不因感情而悲。茫茫人海，放眼望去尽是舒展的容颜。整个世界充斥着满满的快乐与幸福，大家都在不由自主地笑。他们的笑或腼腆羞涩，或淳朴自然，或粗犷豪放。每一个笑容都是那么真实地挂在脸上，每一串笑声都跳动着快乐的音符，舞出一段段优雅甜美的旋律。

人们会用微笑去宽恕犯错误的人；病人用微笑挑战病魔；分手的情人用微笑抚平彼此心中的伤口，开始新的旅程；身处商场与官场的人们用微笑驱赶尔虞我诈的晦暗与污浊。

梦中的世界很和谐，很甜美。梦中的我很快乐、很洒脱。我们用友善的微笑沟通，我们的笑不再敷衍，我们的笑不再牵强。纯净的微笑潜藏着的不再是如水般的忧愁，取而代之的是甜蜜。

梦醒了之后是现实，我也现实地练习着那个够自然的弧度。望着镜中微笑的自己，眼里依旧是掩饰不了的黯淡，我的笑，不够真实，透过镜子，我又回到了梦中，我又看到了朵朵盛开的鲜花……

142

美好留在心里

陈　诺

长沟流月去无声。忆昔杏花疏影里，吹笛到天明，暮春三月如一梦。夏已来，春已去，轻摇轻罗小扇来扑流萤，繁星点亮记忆的油灯。

　　暮春三月，江南草长，群莺乱飞，杂花生树。姐妹二人，踏着沾满杨柳杏花的青石板路，走进蕴满桃李芬芳的外婆家。只是小桥流水，野草闲花，石桌木椅，青畴白壤。

　　姐姐端来一套碎纹的茶器，外公素爱饮茶，有梅花纹的，竹叶纹的，可姐姐最爱的碎纹，怎二字清新了得！

　　"春对满园的杜鹃细饮五加皮，夏对满树狂花痛饮啤酒，秋日薄暮，用菊花煮竹叶青……人与海棠俱醉"，姐姐忽而清清嗓子，朗诵似的读起来。欣然会意："林清玄的《温一壶月光下酒》，姐姐可是要以茶代酒来体会意境？"

　　茶壶倾泻出淡绿色的碧螺春，碎纹瓷杯里盈满芳香。执杯的玉手放下，姐姐脸上梨涡浅浅："果然是我的妹妹！小桥，流水，人家，清茶，木椅，春花，如此美景，必须要一览！"

　　清醇茶香，呷一口，茶叶之香，草果之香，桃杏之芬，竟是一壶浸满了山川草木的茶！抬头，碧云天，青山隐隐露一抹微翠，粉墙黛瓦上，只见燕子停歇，黄鹂轻歌，浑身舒畅，什么不开心的事，消融在和煦春风中。

　　但闻邻家笛声隐隐，缥缈，宛如仙乐。姐姐端起茶杯："有人说，在西藏可以净化心灵。我却以为这儿，这时，这人，都像被净化过了一样。多少人向往这种生活啊！"

　　听姐姐的口气，必是要娓娓而谈，托着腮，看浑身文学少女气息的姐姐托着茶杯，听她迷离声音。"陶潜不为五斗米折腰，却为'戴月荷锄归放弃官职'；柳永一生，只看'杨柳岸，晓风残月'；刘禹锡的《乌衣巷》多美呀！"

　　帝子降兮北渚，木渺渺兮愁予。怎样不可触及的体验？过去的，是美好，难得的，是更美好。

　　落花人独立，微雨燕双飞。姐姐吹段笛子，笛音缭绕。

今时今日，再踏江南庭，花还在，小桥还在，碧天还在，只是姐姐却在奔赴中考的路上，埋头学习。抬眼看天云巷云舒，怕是没有时间了吧？亦如考场上的我，不看天，而是看表，看卷。物是，人非，心情不再，但存美好的余温。

即使又是长假，怕也回不去了罢。老师说，回不去的地方是故乡，叫故乡。可是很美好……

对手·朋友

林子若

"这次舞蹈比赛，又是我们这班的林子若和林甜并列全县第一，你们俩，真是争气啊！"老师笑容可掬地向大家宣布这个好消息，同学都拍手叫好。可我却一脸郁闷，无动于衷，我拼命地训练，就是为了超过林甜，哪怕评委只多给了我半分，我也会高兴。转过头，瞪着她，她也正好看向我，我不知她在想什么，但我知道，我的眼神里是满满的不服，挑衅。冷"哼"一声，转过头，下定决心，下一次定要赢她。三年了，从四年级到现在，我们俩的竞争，从未停过！

但其实，我很不解，看她整天忙着学古筝，补课，舞蹈依旧很好，我想一枝独秀，但，遇见了她，可能性就小了。她是个强悍的对手。

在舞蹈班，我只有一两个要好的朋友，因为我们都不屑她在作文里用"银铃"来形容自己的笑声，于是，我们几个人管她叫"闹铃"。

但林甜人缘却很好，谁都跟她打成一片，她曾经热情洋溢地拉拢我，被我冷漠地拒绝了。她盯着我，笑了笑，摇了摇头，走了。

我拿起手机，播放视频教学，我每次都在舞姿上差她很多，我只要啃下这块"硬骨头"，就能胜过她。可现实总会打破我的幻想，在接下来的几场比赛，我的舞姿总是低低的三四分，而林甜依旧10分。

艺术节到了，我去参赛，一开始我的状态非常好，下面的评委笑着点头，甚至有希望打败林甜，可是老天不让我如愿，在最后一个高难度动作要结束时，我竟然没有按设想在空中大跳，而是提前落地，摔在台上。良久不能动弹，这时，下一位选手走进大厅，竟是林甜，她看我坐在地上，皱起眉头，她冲上台，把我扶起来。"是不是脚崴了？"她急切地问。我点头。她环视一下四周，周围没有可以背我的人。我真没想到，她会背起我，一个比我瘦弱的人，背我离开了比赛现场。她的比赛，终究弃权。

我后悔了，我浪费那么多时光没跟林甜好好相处。她是一个很不错的人，热情，豪爽，不像我小心眼……

自从我们成为朋友之后，我们总是结伴走过那短短的小路，然后，一个往东，一个往西。每到那个时候，总有说不完的话，总站在十字路口再聊会儿才肯走。那天，我对她说："教我呗！"她笑了，说："就你那破舞姿，跟烂泥一样！""哼！你的乐感从未上过五分！"我得意地笑了，"哦，对了，差点忘了告诉你，我给你取了个可爱的绰号'闹铃'，怎么样，够文化吧！"说完，我拔腿就跑，她在后面追，大声说："别叫我闹铃，仅有的淑女气质都被这个破外号弄没了！"

夕阳下的小路，涂满了温暖的颜色，两个女孩儿一前一后跑得正欢，那是我和林甜。我们奔跑着，欢笑着，一串串银铃般的笑声在晴空下飞扬。

陌上花开·成长

陈净香

你将你所骄傲的一切点点滴滴地挥霍，只为让人看到你一瞬间的绽放——灿烂辉煌。而我却在无数个黑暗里默默蓄积隐隐星光，等待着漫长寂寥后的明媚——刹那永恒……

我们诞生在同一天，只是，你出生时响亮的啼哭声惹得窗外的阳光明媚地笑开了颜。而我，却在夜凉如水的时刻悄无声息地来到这个世界。当经验丰富的长者将巴掌狠狠地落在我身上，小脸憋得通红的我终于"哇——"地哭出了声，可那哭声微弱得刚出喉便散得无影无踪。你瞧，刚出生，我便输给了你。

渐渐懂事……

我是在父母的叹息声中长大的，可我却一直都不懂那一声声沉闷的叹息，原是为我。没心没肺无忧无虑地长到七岁，记事以来第一次遇见你的那一年。年幼的我才明白父母的叹息声是那么沉重，砸在心上，似火烙一般，深深浅浅的印迹便再也无法抹去。

那年，七岁的你穿着雪白的公主裙，面容干净，眉清目秀，于一屋子人当中亮歌喉、展舞姿，笑得宛如一朵盛放的百合。爷爷奶奶一把搂过你，高兴得合不拢嘴，那是我从未享过的亲昵。我听到周围的人都在议论："雨姗，雨姗，人和名字一样美"，"若微要是有雨姗一半灵气就好了……"那一天，你是主角，所有的笑容和赞美都只为你；那一天，角落里蓬头垢面"野小子"一般的我怯生生地被冷落在一边；那一天，父母浑身的尴尬和伯伯、伯母满面的春风深深地映入我澄澈的眼眸，在我心中划过一道伤。你天生丽质、能歌善舞、乖巧嘴甜……优秀得让爷爷奶奶忘了"男尊女卑"的旧习，甚至忘了他们还有另一个孙女。

渐渐成大……

人如其名的不只是你，还有我——若微，微弱到像一颗灰尘般，总是那么轻易得让人遗忘。七岁那年的我渐渐懂事，七岁后的我，开始渴望成长，我笃定我只是将所有的美好都遗失在了上辈子，那么今生，我便要一点点地重新寻回。我开始寻找属于自己的天地，我用"精神食粮"填充饥饿，用勤奋弥补先天的不足。即使找寻的路途很漫长，我依然坚信点滴的付出累积的背后，流下的汗水终将凝结成最耀眼的钻石。

一天努力一点点，渐渐地，我能写一手好文章，用朴实的字眼抒写内心的感动；渐渐地，我敢将自己的画作一张张亮开，欣欣地接受别人的赞赏……当我渐渐地展露光芒，我看见父母与日俱增的笑容屡屡绽开，爷爷奶奶冷漠的神情里也有了丝丝赞许。偶尔听到人议起我们，我已不再是配角。

再见到你时，你化着浓浓的烟熏妆，穿着入时，指甲涂抹得艳红……你依旧很美，娇艳得如同火红的玫瑰，只是选错了绽放的时间。大人们又在议论，言语间流露的信息，我明白了你这些年来的渐渐堕落，过分地追求表面的光鲜亮丽，却将一身的才艺荒废，清纯不再。

那些与年少有关的记忆里，你如火如荼地绽放，却只似一场炫丽的烟火，短暂的绚烂后，你将自我一点点地丢失。而这些与青春有关的日子里，我努力地抽丝剥茧，羽化成蝶的瞬间，我明白，自己已将遗失的美好一点点地重新拾起。

　　每一个女孩儿都是一朵含苞欲放的花朵，千百日里低头默默地蓄积阳光、晨露，只等花期到来，便能将那一季的绚烂演绎得淋漓尽致。无须心急，三月陌上花自开。

同桌的你

李一君

　　长发及腰，静有淑女之柔媚，动有侠女之霸气，黑框眼镜，衬着是"满腹经纶"，也透出严厉之光，又略含彬彬秀气。

148

　　下课时，像我这等学渣不免有"排山倒海"之势的难题，去请教我的这位学霸同桌，她呢，也总会耐心地给我讲解，阳光照在她的脸上，眸里闪动着光，如一湖荡漾的春水。纤纤手指握着笔，步步讲解，细语声声，化丝丝泉水，流到我心中，一下子使我豁然开朗，她见我明白了，便会欣然一笑，露出一口洁白的牙齿。

　　身为学霸的她，上课却总是十分认真，骄阳炽热，老师讲课恰如声声老蝉鸣，全班昏昏欲睡，独她正襟端坐，黑眶镜下，炯炯目光直射向黑板，似乎要将字字看穿消化透彻。

　　说她是有侠女之霸可非吹也。某日，夜黑风高，大雾漫天，恶虫团团飞将来，吓得周围的同学躲避纷纷，尖声呼救，可谓"吓声一大片"。说时迟，那时快，没等我们缓过神来，只见她霸气地一甩长发，抄起本子，向那群虫一拍，抽起课本，一脸平静地坐下来，似乎什么事都没发生。

再看那群可恶的虫子被她一网打尽，一只只吹须瞪眼，一命呜呼，可谓女侠乎？

不单是对虫子，若在她管纪律时，有哪个不知天高地厚的小子敢破坏纪律，一定会被她一脚踢到十万八千里之远。

瞧，上课铃响了，可教室里依旧沸沸扬扬，如同闹市一般，只见她一拍桌子，大喊："全部安静了！吵什么吵？再吵记名字！"这一喊，地球也会抖三抖。她把桌子一拍，窗户都被震得隆隆作响，把嘈杂的喧闹变成琅琅的书声，这威力丝毫不低于"火爆无情"的班主任。

这就是我的同桌，如同三维立体图形，她就是——刘琳琨。

学习之路，有你相伴，没有不努力跋涉的理由。

再次遇见那道犀利的目光

叶泽锦

队友对你有关怀的眼神，对手则有犀利的目光。我渴望这目光，因为很多时候旁观比帮助有用。而这位强劲的对手，他用目光帮过我。

——题记

与他分别好几个月了，我每次走上考场，都渴望他那道犀利的目光。

那次考试前，我紧紧握住他的手，不禁陷入沉思。

他是我的至交，更是我的对手。每天我们都会产生"拉锯战"——放学后不马上回家，比谁做作业的速度快；考试后比谁的分数高；竞赛时比谁做出的题多。不仅如此，我们总会"没事找事"，想几个问题，问得不亦乐乎。我在与他的竞争下，将自己的成绩又拉了上来。

一道压轴题把我的思绪拉回了考卷，硬生生地把我绊了一下。

我抬头望着他，他犀利的目光直射过来，仿佛猜透了我的心思，对我轻蔑地笑了笑。

我可不吃这一套。我的解题思路一下子在脑中像火山爆发喷出来，经过初步演算，我抓住了一点头绪。

我得意扬扬，像战胜的公鸡高昂着头，正准备投桃报李，回他一个轻视的眼神。他却早已等待着我的目光，咄咄逼人的眼神仿佛在告诉我：别得意忘形。

我仿佛被泼了一盆冷水，头脑顿时清醒了。我下了狠劲验算，发现刚才飘飘然时候的思路是子虚乌有的。

我茫然了，手足无措，又把目光投向他。那锐利的眼神在我的注视下，缓慢地转过来，像冰块一样寒气逼人，使人不寒而栗。

一股奋发的勇气从我心中快速爆发出来。我不服输地分析着，终于将题目做了出来。这时，我朝那儿望去，那道目光依然犀利，只是眼神中多了一些赞许。我知道，我们都做对了。

清风拂过我的脸颊，我依旧坐在考场上。身边坐满了人，但是我仿佛觉得是空荡荡的。因为，这里少了那道犀利的目光。

曾几何时，我们的目光针锋相对。

曾几何时，我们在目光中共同进步。

曾几何时，我们在目光中超越对方，却不忍回头看一眼。

我渴望那道犀利的目光，因为它让我们在竞争中成长。

轮　回

苏晓君

当我还是一枚贝壳的时候，我静静地躺在岸边。潮涨潮落如同摇篮般轻轻推搡着我，让我枕着浩大的天地，轻轻入眠。

一天，有一双粗糙的大手拾起了我，用我交换了另一双大手中的东西，我落到另一双手中，然后，就没有停过。我才知道，我成了货币，是作为商品交换媒介的一般等价物。

物物交换的时代里，处处写着尴尬。我成了终止这场纠结的救世之物。我为自己的职责感到由衷的自豪和高兴。

这样朴实的日子不知过了多久，在我终于化为一阵青烟散去之时，历经轮回，我成了一块铜钱。

商品经济的发展和城市的兴盛，使货币的流通速度加快了不少。我很快被抛来抛去，经过卖猪肉的油乎乎的手，经过青楼女子涂满脂粉的手，经过卖酒的酒味很重的手，经过数不尽的陌生的手，我终于明白，我——钱，已经成为主宰这个世界的王了！

我和我的同伴聚集起来，是一股操控一切的力量。我们把一个字不识的人装裱成一位学富五车的大官；我们把商人扶上"士"的头顶；我们把好人冤枉，让坏人享福；我们……

作孽啊！可这真是我们想要的吗？不，我们身不由己。操纵我们的另有其人，是他们，让我们万劫不复。

我恨透了我眼前那位腆着肚子的微醺的大贾，我狠狠地瞪了他一眼。还没让我泄气，他拿起我在地上重重摔了一下，对着他面前的穷人说："几文钱算什么，来捡啊！"说着，用他那肥大的脚重重踩了我几下。

我化为乌有，转世成了一张钞票。我满身光鲜从ATM机中跳出来，却不知又要落入谁的手中。多少次的轮回，我在想，我的出现是不是一种罪？但我相信不是的。我带着为人类服务的使命前来，却不想成了人的玩物。

有人说："出来混，一靠钞票，二靠钞票，三还是靠钞票。"当这种观念盛行时，人们多么不堪。他们玩弄权谋，千方百计得到我们，转头就出卖我们以填补他们欲望无边的空白。他们在穷困时怀揣我们，战战兢兢，与我们相依为命，可富有时却挥金如土，如弃草芥。

当我的使命被人再三蹂躏之后，我不会再相信任何人。人只可以与他们同患难，但他们渡尽劫波后是不会珍惜我的。

我只愿下次轮回能变回一只贝壳，静静躺着，或被一双稚嫩的小手拾起，编一串风铃，卧看屋檐如悬崖，静听风铃如沧海，让梦纯粹，静候轮回。

152

我的生命，我装饰

黄玲玲

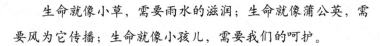

　　生命就像小草，需要雨水的滋润；生命就像蒲公英，需要风为它传播；生命就像小孩儿，需要我们的呵护。

——题记

　　那是一片荒地，它早已被主人抛弃。于是，蒲公英就"借住"在那里。那片土地在别人看来只是一片荒地，但在蒲公英看来，它是快乐的天堂。早上，它可以听着鸡鸣起床。睁开眼，它可以看到旭日东升，中午，它可以沐着阳光，边吹着风。晚上，它可以听着蝉鸣，最后在星星的陪伴下安然入睡……

　　但幸福往往是短暂的，那片土地的主人从外地回来了，他想在这里办一个工厂。于是，他想到了那片地，他打算找几个人去开垦那片土地……

　　蒲公英得到了这个消息后，既害怕又无助，它认为自己就要远离这个世界了，于是，它开始为自己找办法。

　　一阵微风拂过，蒲公英对风说："哥哥，你能不能把我的种子带到安全的地方，然后让它们长大？"风有点不敢相信自己的耳朵："啥，妹子，你自己都快死了，你还想着这些破种子干吗呀！"蒲公英望着那轮火红的太阳，平淡地说："你不懂，如果我的种子能活下来，它们还可以看到太阳、星星，听到鸡叫蝉鸣，享受着幸福，那就是我生命的延续。"风似乎明白了，它愿助蒲公英一臂之力。

于是，风使出它所有的力气吹向蒲公英，刹那间，蒲公英的种子飘向天际，就这样飘啊飘，飘出新的生命，而蒲公英在风中一动不动，只是淡淡地微笑着，它的灵魂也随着种子一直飘。

是啊，生命是我们在这世界上的唯一的资本，生命不要求我们轰轰烈烈，但求我们无怨无悔，我们要像蒲公英一样善待生命，装饰生命。正如冰心所说："爱在右，同情在左，走在生命路的两旁，随时撒种，随时开花，将这一长途点缀得香花弥漫，使穿枝拂叶的行人，踏着荆棘，不觉得痛苦，有泪可落，也不是悲哀。"因为我们追求的是生命的质量，所以我们要热爱生命，快乐成长，将生命点缀得花香弥漫！

154

人心是变了吗

郑彬彬

天冷的时候，是不是就喜欢站在暖和的阳光里？可冬天里的阳光却是冷到极点……

连续一周的阴天，太阳这小调皮总算是冒出头来，给整个冬天街道添上了几分暖意，今年的冬天还真是冷啊，我裹了裹身上的衣服，站在公交站牌下，也没等多久公交车来了。

登上车，周身充满了暖气，顿时暖和了许多，早晨的车上大多都是买菜的或者是送孩子上学的老人，"呜呜呜哇……""你这孩子真不乖……"夹着大人的怒斥声和孩子的哭声，忍不住回头张望，原来是因为方才上车时那孩子突然又跳下车，差点车就开走了。明明是孩子自己做错事还哭得那般委屈，可孩子不都这般吗，我想哄哄他，碰巧口袋中有适才换零钱时随手买的糖果，便掏出弯腰递过去，孩子立马停住了哭声伸手想接，可突然我的手被一只干皱却有力的手推开了，不明缘由的我抬起头，入眼的是一脸的沧桑，皱起的眉头，防备的目光，我的心一怔，手中的糖也随之脱落……"平时不告诉你不能乱接别人给你的东西，怎么这么不听话，待会有个三长两短，我怎么和你妈交代"絮叨声带着怪声怪气。顿时委屈，难堪侵袭着我的全身，我不知所措，大脑混乱，还未到站就下车……内心五味杂陈，走在这喧闹的人群中，那抹本是暖暖的阳光顿使我如置身于北极那般冰冷刺骨……

无神无魂似的我陆续走着走着……对面那公益活动此时却是如此讽刺啊，又走着走着，一个跑着的小孩儿忽然在我前面不远处被绊了一下摔倒了，要是从前我定是会上前扶起，他的父母也会微笑道谢，可现在……我犹豫了，我就原地站着这样看着那孩子，任由那孩子的哭声随意地刺痛我的心！

冬日里原本温暖的阳光却因人与人之间的不信任而不再温暖，我的好心之举却被当作不良分子加以防备，真是伤心又伤心无奈又无奈……

这人心到底是怎么了？

望月怀远

李睿思

今天是八月十五——中秋节，这是一个家人团圆的节日，也是赏月的好日子。可我想起了远在他乡的爸爸，心中难免生起了一丝惆怅。

晚饭后，我陪着妈妈漫步在步行街，仰望天空，只见那深蓝色的夜空中，点缀着几颗闪烁的小星星，澄澈纯净的明月，是那么圆，那么亮，犹如一个大玉盘悬挂在邈远的夜空中。圆月又像一位仙女一般，神秘莫测地在云间游荡，一会儿又透过云朵的缝隙，泻下柔美的月光，给大地披上了一层朦胧的薄纱。

柔和的月光洒在大地上，可我的心中却被思念满满地占据着。我思念着远方的爸爸，心中的伤感如同片片凋零而又起舞的秋叶。此时，我想起了张九龄的诗句"海上生明月，天涯共此时。"八月十五的月亮是又亮又圆的，皎洁的月光下，爸爸，你一定也很想家吧！此时此刻，我是多么想再次扑到你的怀里，和你无拘无束地交谈，倾诉着我对你无限的思念。也许在你的眼里，思念是一种幸福的忧伤，是一种甜蜜的惆怅，是一种温馨的痛苦。可我的思念是一艘船，你的凝望是一片海。让我把思念的船穿过海峡、钓鱼岛，越过大海，传递给远在碧波万顷舰船上的你——父亲！

家人团聚是欢乐的，挥手别离是痛苦的。爸爸，你快回家，和家人共度这个欢乐、美好的中秋节！希望这柔和的月光，能把我的爱和无限的思念传递。

遥望空中的明月，思愁如薄雾萦绕心头，我又怎能把月饼嚼动。

念是一种幸福的忧伤，是一种甜蜜的惆怅，是一种温馨的痛苦。

这，何尝不是一种幸福

江抒言

"腊月二十三，俗称'小年'，每年的这个时候，灶王爷都要向玉皇大帝禀报某家人的善或恶，让玉帝赏罚。"爷爷又开始讲故事了，他一手端着香茶，一手比画着，孩子们围成一圈，睁大了双眼，听得津津有味。"好了，我们要开始'祭灶'了。"孩子们欢呼着，争抢着做事。爸爸端着糖果、清水、料豆、秫草，妈妈负责摆放，接下来，到了孩子们最感兴趣的活动了——往灶王爷的嘴上涂蜜。"我来，我来。"这群孩子，倒把蜜涂自己脸上了，弟弟舔了舔嘴，觉得好吃，又拿了一勺往嘴里灌。爷爷奶奶看着这帮天真幼稚的孩童，呵呵地笑了，脸上洋溢着无限喜悦。儿孙和睦，这命何尝不是一种幸福呢？

要过年了，爸爸和客人喝酒直到深夜才回来，弟弟被吵醒了，但是没有说，而是帮爸爸盖上被子，俗话说女儿是父亲贴身的小棉袄，但一直大大咧咧的弟弟，这时也成了爸爸的'小棉袄'，爸爸微微一笑。除夕夜前天，妈妈原本上头的乌发却染上了沧桑，我想亲手改变这个事实，因为她的头发是为我而白。她原本要去理发店的，经过我的请求，答应了。我买了一瓶纯天然染发剂，将它挤在梳子上，然后顺着妈妈的头发梳去。妈妈轻轻闭上了眼，不知是在养神还是在感受一份浓浓的温馨。儿女孝顺、贴心，这何尝不是一种幸福呢？

盼望已久的除夕夜终于到了，灯笼亮了，孩子们的眼睛也亮了；餐桌上，有色泽诱人的卤猪蹄，有玲珑可爱的九节虾，有营养均衡的多宝鱼，还有饱含着中华民族文化的饺子。不过，孩子们并没有先动筷，而是要让爷爷先吃，孩子们的眼睛充满了焦急，怎么还不来啊。终于，爷爷来了，带着一大堆红包来了。孩子们瞬间将视线转到了红包上，爷爷发觉了什么，于是就把手中的红包一个个地分给孩子们，瞧！这些孩子，一见到毛爷爷就十分热情，这不，还亲上了。之后，他们又开始比较钱的多少，生怕爷爷少给了他们一元，呵，真是人小鬼大啊。我在一旁默默地拆开红包，奇怪，我的钱数怎么比那些孩子多了那么多？仔细一想，终于明白了。爷爷的意思是，我身为家中的老大，应该做弟弟妹妹的榜样，这多余的钱，是爷爷对我的期望，信任，也是一家人对我的期望、信任，真有一番重量。我很高兴，高兴爷爷对我的信任，高兴全家人对我的信任，有家人的信任这何尝不是一种幸福？但我不能辜负了这一份信任，这一份幸福。

爷爷奶奶有子孙和睦，爸爸妈妈有儿女孝顺，我有家人的信任，这些，都是满满的幸福。

我渴望飞翔

刘琳琨

鸟儿之所以快乐，是因为它可以尽情飞翔。

——题记

如墨似的夜色铺天盖地，那浓得要溢出来的色彩，染满天地间的每一个角落，寒漠而又凄清的夜里，那弯皎洁的钩月不知何处去了，而那星辰的点点微弱的光，与那无边无际的夜相比，太弱小，太微不足道了。

"咚咚"，妈妈回来了。我把手中的东西一扔，打开了门。"妈妈！"我扑进她怀里，带着撒娇的口气说："学校暑假要举行夏令营活动，我都跟同学说好了要一起去，就差你一个'好'字了！""什么？"妈妈一跃而起。我被吓了一跳。"熊孩子，这么大事，怎么都不跟家里说声，就擅自做主了？"妈妈戳着我的脑门骂道。

这吼声响彻整个屋子，闻讯赶来的爷爷和奶奶忙冲进卧室里，听我抽抽搭搭地讲完事情的经过之后，爷爷一掌拍在桌上。我满怀希望地等着爷爷发出指令，但，他的话，犹如一盆冷水泼在我的脸上。"小孩子家家，才多大，读书不好好念，这种事情就那么积极！"爷爷瞪圆了眼睛，吼道。我也按捺不住了，哽咽着解释："我已经不是小孩子了，我已经长大了，已经可以独立了！"妈妈一脸"恨铁不成钢"的表情。她气呼呼地准备训我。这时，奶奶开了金口："宝宝乖，夏令营有什么好玩的，又苦又累，还要自己做饭、洗衣服，还不如待在家里，奶奶刚给你做了你最爱吃的菜，乖，咱不去啊！"奶奶拉住了我的手。

"为什么，为什么你们总把我当小孩子看待，我明明已经长大了，为什么你们就是不相信！"我甩开奶奶的手，冲回房里。

房间里，我泪如泉涌。书桌上，有他们摊开的作业，有他们热好的牛奶，有他们切好的水果。"叽叽""叽叽"一阵叫声吸引了我。原来，是我养的小黄莺。它在笼子里，不安地叫着，它的目光，定格在外面。我一抹眼泪，打开了笼子……

秋风飒飒，风吹落叶舞，舞尽我的美好幻想；秋风萧萧，风吹残花飘，飘尽我的满目苍凉。窗外，鸟在飞翔，我也好想这样。

160

昨天·今天·明天

蔡雅琳

昨天的辉煌已随风淡去，明天的灿烂却迟迟没有到来。而现在所能做的，只有把握好今天。

曾经看到过一句话"昨天是一张作废的支票，明天是一张期票，而今天则是你唯一拥有的现金。"是啊，昨天再辉煌又有什么用呢？一切都已过去了。明天再灿烂又能怎样呢？总是可望而不可即。只有今天，才是你所能把握的唯一东西。

曾有一人问佛，世间最珍贵的是什么，佛曰："世间最珍贵的不是已失去和未得到，而是现在把握在手里的。"

儿时的我很懵懂，初次听到这个故事并不这么认为，以至于现在我都仍未彻底参悟其中所蕴含的哲理，只是成长告诉我，昨天就是故事中的"已失去"，明天就是故事中的"未得到"。而今天则是"现在把握在手里的"，所以，世间最珍贵的就是——今天。

如此的如此，使我不得不认为今天真好！

今天，我还可以缅怀昨天的辉煌，憧憬明天的灿烂。今天的夕阳还未落下，明天的太阳也还未升起，我还可以把握住今天的每一分、每一秒，去寻找属于今天的美好。今天的美好与精彩是用自己的双手与智慧一点一滴地开拓出来的，所以，今天的我要努力，努力让手里唯一拥有的东西变得美好而精彩，让它比昨天更辉煌，比明天更灿烂！

啊！我看见了，理想的光芒在向我招手！我感觉到了，我背后生出了双翼，那是希望的翅膀！今天的我，生如夏花！

161

今天的我已不似往昔，已不再懵懂，已不再迷茫！今天的我会把握住生命中的每一分每一秒，让整个世界就此因我而改变。

因为我知道，无论是昨天，今天还是明天，都是宝贵的！但只有今天才是我们手中唯一拥有的东西！

后退，只为更好地前进

李思齐

生活中处处有道理，在不起眼的小事中，也能发现道理。

周六，老王组织大家去泉州南安黄巢山打真人CS，坐大巴坐了两个多小时才到。教官将我们分成十一组，上午四个组玩，我们几组去做游戏。

下午，轮到我们去玩了，我是本方指挥官。第一局我方守旗，一开始，对方便猛烈进攻，虽然我方借地利顽强抵抗，但仍然损失惨重，最后只剩林甜一人，终于熬到了游戏结束，成功守住了旗。第一局，我方惨胜。

第二局，我方夺旗，我布置好左路突袭组，中路引诱组，右路强攻组，便带领左路从一条较隐蔽的小路快速前进，却不料早已被敌方发现，他们正在小路尽头等着我们哩！我们刚一露头，他们便举起枪来，"哒哒哒……"几梭子"子弹"破空飞来，瞬间，三人便已"死亡"一人。对面郑锦城见我们人数少得可怜，立刻冲上来。幸亏我机智，毫不犹豫地迎头冲上去，抓住他的枪，扭到一边，把自己的枪对着他的头盔猛打，终于将他击毙，但自己也被林卓凝打了两枪，而另一名队员也被乱枪打死。我赶紧冲回掩体，惊魂未定，用手使劲儿抚着还在怦怦直跳的胸口，"吁吁"地喘着粗气，心里万分纠结，举棋不定：怎么办？怎么办？前进还是后退？左路可只剩我一个人了哪！如果继续前进的话，肯定会遇上更多敌人，可我只剩一条命了，再前进肯定"赔了夫人又折兵"。可回去吧？我的努力不就白费了？两位队友的牺牲不白白牺牲了吗？再说了，我的队友会怎么看我？可……哎！留得青山在，不怕没柴烧嘛！但这样不就让他人看扁我这个指挥官了吗？唉，怎么办啊？我觉得脑袋快要炸了。终于，我毅然决定：返回！开辟新路线！君子报仇，十年不晚。

　　于是，我来到中路所在的小房子里，他们尽到了引诱敌方火力的职责，但也损失惨重，四人只剩两人。我小心地步到窗口，却发现右路也被敌人火力网压制得抬不起头。于是我赶紧命令中路剩余火力向敌方全力扫射，右路队员心领神会，默契地派出两名队员，以迅雷不及掩耳之势冲上前去，举起旗，用力一摇，我们胜利了！我们都欣喜若狂，恨不得把二人抬起来往天上抛。

　　原来，后退，有时比前进更管用，后退，并不是害怕，只是为了更好地前进，去挑战更陡峭的巅峰！

163

泪 落 无 声

陈俊翔

　　我漫无目的地走在车水马龙、人来人往的大街上。这时节虽是秋分刚过，阴沉的云朵却覆盖住了一大片天空，把秋日的暖阳捂得严严实实。在呼啸的秋风里，我听见有人在啜泣……

最美的风景

行色匆匆成为这条道路上人们的"标准表情"，于是怀抱着婴儿伫立在街道上的她，在我眼里格外醒目。这个女人在直愣愣地目视前方好一阵子后，开始快步行走，朝着迎面而来的行人走去，并急切地说着些什么。面对她的急切，大多数人选择了或是轻描淡写地摇头，或是敬而远之地避让。当她拐入一条少有人走的幽僻小巷时，终于，与她面对面的人换成了我。

也许是因为屡屡碰壁的缘故，她拦住了我后并没有急着说些什么，仍然像刚开始那样，愣愣地看着我。在好奇心的驱使下，我也没说话，开始仔细打量着这个女人。

她三十出头，身材不高，身穿一件黑色蕾丝连衣裙，裙子上的纽扣形的装饰已掉了一大半，脚上穿着极不搭调的破旧运动鞋。头发虽黑却凌乱，而且沾满了灰尘。在她怀里有一个熟睡的小女孩儿正舔着手指沉浸在梦乡中……她眨了眨眼，抿着干瘪的嘴唇使劲儿咽下了一口唾沫，用写满无助与哀求的目光望着我，对我说："小兄弟，我想求你一件事，你听了之后，可千万别生气！"

我轻轻点头。她迫不及待地对着我大声说着："求求你……能借我点……借我点钱吗？"她开始哽咽，双臂紧紧地搂住她怀里的孩子。"我的女儿饿了……她饿得很……"我一愣，这个女人的请求让我有些不知所措。之后，便听到一阵孩子怪异的啼哭声。是小女孩儿被妈妈紧搂住而惊醒了。我不知道该如何来描述那啼哭声，只是觉得那声音好没气力，那眼睛好疲惫好疲惫。我没有多想，双手伸进口袋，决定帮助这对母女。可偏不凑巧，我找遍了所有的口袋，却连一枚一角硬币也没找到。

我无奈地摇摇头，告诉她我没有带钱，她的举动再次出乎我的意料——扑通一声，她立马跪在我的面前，泪水夺眶而出："就一两块也好，我替女儿谢谢你了……"莫名的难受感觉突然席卷我的身心。我把所有的口袋翻了个底朝天，于心不忍地向她解释我真的没有钱。

我看见她的脸蓦然黯淡下来，像是火星突然熄灭一般，木然地、呆呆地僵立着。零星的细雨落下，街上的行人愈发稀少。她直愣愣地盯着街道上奔走避雨形形色色却不尽相同的冷漠面孔，一下子坐在了地上，捂着孩子号啕大哭起来。我也愣住了，我尴尬地走开，脚步那般沉重……

乡村生活

耿敏洁

　　乡村生活是美好的，是宁静的，是丰富多彩的，它隐藏着许多有趣的事物，令人回味无穷。

　　我曾去过二姨奶家，她家在一个山脚下的村子里，他们家养了几十只羊，生活以放养、种菜为主。

　　二姨奶家的房子是老式砖木结构的房子。一进门便能看见那粗实的木头房梁。屋里的右角是个土灶，那次去看见二姨奶正端了个小板凳坐在灶前，一手摇扇，一手拾着柴火。那灶膛里的火光熊熊，夹杂着木柴被烧得噼里啪啦的声响，时不时翻滚出袅袅炊烟通向烟囱。大锅上的盖子也"噗噗"跳动了几下，钻出一缕缕热气。饭煮好以后，二姨奶用锅底的饭炕成了锅巴，锅巴取出来时是个完整的半圆，倒过来像个圆顶的帽子。冷却一会儿后就变得又香又脆，吃起来原汁原味儿的。

那时，羊都在羊圈里，而羊圈外正蹲伏着一条狗，它正守着羊圈，不让外人进入，而我便是它眼中的"外人"，我刚一走过去，它便狂吠不止。随后圈里的羊也惊觉了，隔着栅栏，听见它们在里面"咩咩"地叫。一瞬间，我便成了不速之客。见狗对我大声地叫，二姨奶呵斥一声，它似乎懂了，停止狂吠，喉咙里发出一种略带委屈的声音。它像一个孩子一样，受到责骂后呜咽着，不高兴地摇摇尾巴躲到墙角边。但很快不良的情绪便如乌云被清风吹散，它又跑回主人那里蹭蹭她的裤腿，迎我一同进去。羊圈里，小羊羔喝着奶，老羊脖子上飘着长须，看起来软软的，如果不是怕它咬我，我真想用手摸摸它的长须。那老羊向一位足智多谋的老者，从我刚进入羊圈它便盯着我，眼神中充满警惕。当我扬起菜叶召唤羊儿时，它们全都一动不动，怪异地看着我。我只好将叶子扔给它们来消除它们的警戒心理。

二姨奶家的院子里种了不少蔬菜，那里的每一棵蔬菜都个头很大，因为它使用了天然的化肥——羊粪球。她总是在菜田里忙碌，这使得她的脊椎变得越来越弯。当她挑起扁担时，她弯曲的背便成了扁担下佝偻着的句号。但这样的生活使她很开心，辛苦却又很快乐。

城市是许多农村人向往的地方，但并不是所有人都向往物质的生活。有那么一群人，他们一直生活在生于斯长于斯的农村土地上，简单的生活，即使有些辛苦，他们也可以笑对生活，开朗地面对一切。